JN079909

「しあわせな空間」を
つくろう。

——乃村工藝社の一所懸命な人たち——

能勢 剛 著

は じ め に

　バーチャル空間とリアル空間——。

　日々進化し、あらゆる領域に広がり続けるバーチャル空間が注目される一方で、リアルな空間も、バーチャル空間にはない新たな価値を提供する場として、やはり進化を続けている。ここ数年、そんな想いをいだかせるリアル空間が増えてきた。

　そのひとつが、オフィス空間。

　リモートワークの浸透で、業種によってはパソコン1台あればどこにいても仕事はできる。バーチャル空間のなかにオフィスを丸ごと移転することも可能だ。

　しかし、その流れに拮抗するように、思わず社員たちが会社に行きたくなるような、リアルのオフィス空間が次々に登場している。そこで働くことが、リモートワークで仕事をするよりも"しあわせ"ならば、社員たちはオフィスで働くことを選択する。オフィスは単なる仕事の作業場ではなく、仲間との絆や信頼を醸成し、先輩や同僚からスキルを学び、仕事や人間関係のネットワークを広げていく場でもあるからだ。いまや企業にとって、魅力的なオフィス環境は、人材確保の最有力ツールでさえある。

　あるいは、アニメーションの世界をリアルに再現したアミューズメント施設。

　アニメーションというバーチャルな世界で描かれてきたコンテンツが、リアルな形となって、訪れる人々に映像とは違った興奮や感動を巻き起こす。スタジオジブリのアニメーション世界に現実世界で入り込む。実物大ガンダムの迫力ある動きを足元から見上げる。ファンにとって、この上なく"しあわせな体験"であることはいうまでもない。

　気が付けば、こうした"しあわせな空間"は、あちらこちらに存在している。「子どものころに通った小学校の校舎が地域で生き続け、思い出とともに利用できるしあわせ」

「世界的な大発見を、そのまま生で見られるしあわせ」「みんなが誇りにする郷土の施設で、地域の人々が交流できるしあわせ」、等々。さまざまな空間に、さまざまな形の"しあわせ"が息づいている。

　機能性やデザイン性を競うだけではなく、空間をつくる意味を掘り下げ、人々の五感に働きかける。暮らしの何気ない心地よさ、仲間との絆、人生の思い出、市民の誇り、知的好奇心、地域の再生、そして思いもよらない感動……。人々にとって大切なものを呼び起こすような空間が、いま求められているように思う。

　いったい、"しあわせ"を生み出す空間は、どんな背景、どんな問題意識から発想されたのか？　空間のつくり手は、その発想をどう受け止め、どんなアイデアと工夫とで、人々の"しあわせ"を具体的なカタチにしていったのか？　これからの時代に求められる新しい空間価値と、それを創造する仕事の進め方を、関係者の話を聞きながら、詳細かつ具体的なストーリーとして追いかける。そのなかに、次の時代に向けたビジネスや、ものづくりのヒントが、たくさん埋まっているはずだ。

　本書で取り上げた13の空間は、いずれも乃村工藝社がつくり上げたもの。当初、筆者が関心を持った2つの空間が、2つとも乃村工藝社のプロジェクトであった縁で、取材には全面的なご協力をいただいた。ここに感謝を申し上げたい。

『日経トレンディ』元編集長
能勢 剛

contents

首都圏編

contents

全 国 編

首都圏編

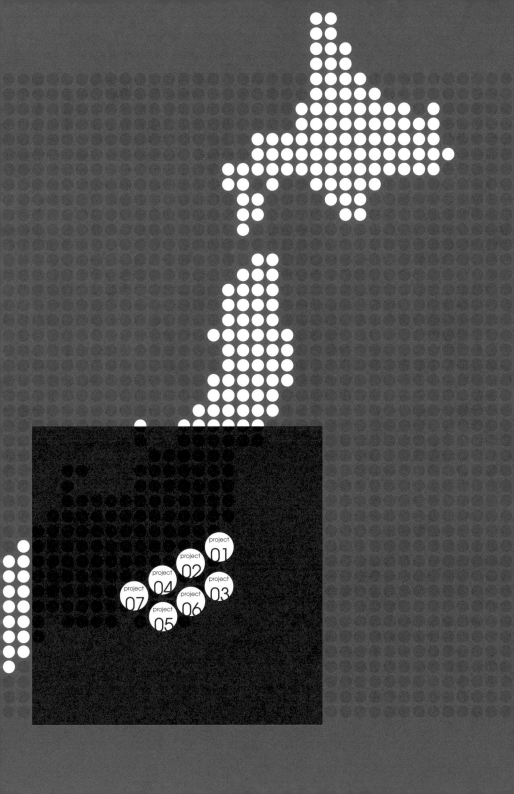

project 01
project 02
project 03
project 04
project 05
project 06
project 07

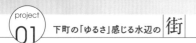

商業施設ではなく
人に心地いい街をつくりたい

東京ミズマチ ——————————— 東京・墨田区

古くからある東京・下町の街並みをアップデートする。
それも、現代的なデザインをまといながらも、下町文化の「ゆるさ」を共有し、
人々がのんびりと水辺を散策する街へ。
そんな異色のプロジェクト「東京ミズマチ」が計画されたのは2016年。
2012年に、電波塔「東京スカイツリー」や商業施設「東京ソラマチ」、水族館、オフィスビル
などからなる新しい街「東京スカイツリータウン」が開業してからのことだった。

W1

点と点とをつないで豊かな面にする

　東京・浅草の繁華街を抜けて隅田川の遊歩道に立つと、対岸の東京スカイツリーが驚くほど近くに見える。心地いい川風に吹かれながら、新しく設けられた東武スカイツリーラインの鉄橋脇にある歩道橋「すみだリバーウォーク」を渡る。そこから先は、隅田川の支流である北十間川に沿って、水辺の遊歩道と高架下のお店が、東京スカイツリーに向かって伸びている。

　お店の前には、仕切りなしに墨田区立隅田公園が広がり、ベビーカーを押した若いお父さんや、ペット連れのシニア夫婦がのんびりと散歩する。朝は、水辺の遊歩道をジョギングする近隣の住民、昼はランチをとるビジネスパーソンたち、午後にはお茶を楽しむ女性グループやサイクリングの途中で休憩する若者たち。夜は食事やお酒で盛り上がる人たちの傍らで、ボルダリングの練習に汗を流すオリンピック級選手もいる──。時間帯や曜日によって街は表情を変化させながらも、ゆったりとした空気感は変わらない。この東京スカイツリータウンに至る高架下600ｍほどの街が、2020年に開業した東京ミズマチだ。

　東京ミズマチと、東京スカイツリータウンにある商業施設の東京ソラマチ。ネーミングからすると、当初からセットで計画されたプロジェクトに見えるが、意外にも東京ミズマチは、後から計画されたものだ。それは、点と点とをつないで新しい街をつくろうという大胆な構想から出発した。東京スカイツリータウンの建設から担当してきた東武鉄道・商業開発部の早野雅史さんが経緯を語る。

「東京スカイツリータウンが開業してみると、やっぱり浅草とスカイツリータウンとを最短距離で結びたいなと。もともと、水辺を活用した街づくりを推進していくというのが、東京都の方針としてありましたので、それに基づいて私たちも考えていこうということが大きかったですね。東京オリンピック・パラリンピックを前に、目玉の観光地と観光地とをつなぐことで、地元を盛り上げていきたいという、鉄道会社ならではの考えもありました」

東武鉄道・生活サービス創造本部
沿線価値創造統括部 商業開発部 課長補佐
早野雅史さん

すみだリバーウォークを渡って東京ミズマチの西側の起点。
目の前に隅田公園が広がり、奥には東京スカイツリーが

実際、それまでの東京スカイツリーに至る高架下には砂利が散らばり、倉庫や駐車スペースなどが点在する程度。北十間川と隅田公園はあるものの、ほとんど活かされておらず、散策の風情とはほど遠い眺めが広がっていた。その未整備の場所を開発するにあたって、東武鉄道の開発チームが思い描いたのは、高架下の箱もの商業施設ではなく、路面店の前を人が行き交い、時とともに成長していく、面としての街の創出だった。「まずは、水辺をうまく見せていきたい。それと、この街を地域で成長させていきたいというのが大きなコンセプトでしたから、有名なチェーン店ではなくて、それぞれが個性をもって、街を一緒に盛り上げていただけるお店と一緒に歩んでいこう、そんな思いを持っていました」（早野さん）

　東武鉄道の開発チームのなかで、主にハード面を担当してきた東武鉄道・建築技術部の中島寛さんは、街づくりのコンセプトという意味では、水辺や公園を一体化した上で、高架の下に個々のお店の建物を並べる形式にしたことが大きいという。
「いろいろと議論していくなかで、当初は、大きな建物にしちゃえばいいよねという話もありました。でも、お店ごとの建物にして、その間を通路にしたことで、水辺と公園側の人の行き来が自由になる。東京ミズマチのエリアは、それぞれ管轄が違う河川用地、鉄道用地、公園用地を一体で開発しましたから、高い公共性を担保しなければ行政からの許可が下りません。それもあって、人々が散策を楽しむエリアに、個々のお店の集合体がある、という形にしました」

東武鉄道・生活サービス創造本部
建築技術部
中島 寛さん

高架そのものも、レトロなイメージを残しながら改修されている

建設前の現場写真。未活用地が続き、今からは想像もつかない

ベンチマークは米国ポートランド!?

　東武鉄道の開発チームの構想に基づき、より詳細なコンセプトへの落とし込みや建物のデザイン・設計、そしてテナントリーシング（店舗誘致）など、プロジェクトの具体化を担ったのが乃村工藝社のチームだ。

　乃村工藝社をパートナーに選んだのは、「東京スカイツリータウンを初期から一緒につくり上げてきて、私たちの開発への思いや価値観を共有してもらっています。だから、いろいろな場面で行間を読んで動いていただける」（早野さん）からだという。

　新たに街をつくりたいという開発方針を聞いて、乃村工藝社チームの頭にまず浮かんだのは、路面店が集まって新しい文化を生み出しているような海外の街並みだった。

　乃村工藝社でテナントリーシング部門に所属し、チームでも店舗誘致などのソフト面を担当した川井政和さんは、ちょうどその頃から登場してきた、世界的な商業施設の新しい流れに注目したという。

乃村工藝社・ビジネスプロデュース本部
第三統括部 リーシングリレーション開発部 主任
川井政和さん

　「海外では、米国オレゴン州のポートランドやロンドンのボックスパークといった、路面店が主体の歩いて楽しむ街づくりが評判になり、日本からも開発の関係者が視察に行ったりしていました。同じ頃、東京でも浅草の周辺とか、蔵前、浅草橋あたりに独自の文化を持った個性的なお店が登場してきて、雑誌などでも『イーストトーキョー』特集が組まれるようになっていたんです。なので、東京ミズマチの構想をお聞きした時には、どんぴしゃり、イーストトーキョーのイメージで、ニューヨークのソーホーとかブルックリンのように、メインの街ではないところから若い人とか、新しいお店がチャレンジしていって、どんどん大きくなっていくというストーリーを思い描きました」

　2006年から東京スカイツリータウンのプランニングに参加し、乃村工藝社チームのなかでは東武鉄道とのプロジェクトに最も長く取り組んできたプランナーの冨永荘次さんは、東武鉄道との付き合いから、イーストトーキョーという発想は自然に出てきたという。

　「東京スカイツリータウンの開発に参加した時に、最初に東武鉄道さんらしさとか、東武鉄道さんとしてはどうしなきゃいけないのかといったことを、一緒にかなり議論させていた

だきました。ですから、東京ミズマチについて出てくる"ゆるさ"とか"余白"とか"つなぐ"といったキーワードは、東武鉄道さんらしさとして、乃村工藝社チームの全員から自然に出てくるんですね。

　私たちの認識として、新しいカルチャーが生まれる場所って、ビルがたくさん立っているような場所ではなくて、たぶん何もない場所から始まるんです。昔の渋谷もそうだったし、イーストトーキョーというのも最初はそこから始まったと思います。それが東京ミズマチのスタートの思想ですね」

　乃村工藝社でBIM（Building Information Modeling）を推進してきた設計の妙中将隆さんが、チームを代表して、すぐにポートランドへ視察に行く。

「行ってみると、歩行者にとって、わくわくする仕掛けづくりがたくさんあって、クルマ目線じゃなくて、歩行者目線の街づくりがされているんですよ。例えば、歩道がものすごく広く取られていて、歩道なのか、デッキテラスなのか、カフェなのか分からないような。それがすごくミックスされたような仕組みというか、街づくりになっていて、直感的に、あ、この街は歩きたいな、と思わせるような街だったんです」

乃村工藝社・クリエイティブ本部 プランニングセンター
企画2部 第6ルーム プランナー
冨永荘次さん

乃村工藝社・クリエイティブ本部 テクニカルデザインセンター
テクニカルデザイン部 BIMルーム ルームチーフ
妙中将隆さん

北十間川に沿って続く遊歩道は、絶好の散策路になっている

制約を逆手に、街に"余白"をつくる

　街のイメージが固まったところで、乃村工藝社チームは、建物のデザイン・設計に取り掛かる。水辺と公園とを一体化しながら、基本的に平坦な鉄道高架下に低層建築を並べていくことは、一見すると難度の高いプロジェクトには思えない。しかし、実際には、難しい課題の連続だった。

　建築計画を担当した乃村工藝社・NAUデザイナーの加藤利仁さんは、設計には3つの大きなハードルがあったという。

「まず第一に、高架の下であるということ。高架下には支える柱がありますけど、高架をつくってきた歴史があって、場所によって構造が違うんです。構造は3種類あって、柱の太さも、柱の間のピッチも違う。もちろん、地面から高架までの高さも違っていて、たくさん並んでいる柱を全部避けて、個々の建築を独立躯体（くたい）として成立させるのは、めちゃくちゃ難しいんですよ。

　さらに地面のレベルの問題もありました。高架の南側の北十間川は、東から西へと流れているので、その向きで下がっていく。しかし、高架の北側の道路は、川とは逆方向の傾斜が付いている。建物の両側で地面のレベルが違うんです。3つ目はテナントさんとの調整で、とんがった考え方の個性的なお店ばかりなので、要望がたくさん出てきます。出店のための基本的なクライテリア（設計の判断基準）はこちらでお出しするのですが、テナントさんの要望と食い違うことが結構ありました」

乃村工藝社・クリエイティブ本部
第一デザインセンター NAU デザイナー
加藤利仁さん

　しかし、3つのハードルは、最終的には、東京ミズマチの個性になるようなプラスの形で解決される。加藤さんが続ける。

「建物の配置計画が難しかった部分については、個々の建物が均一ではないことで、街に余白を生むようなデザインが生まれました。地面の高低差の問題も、積極的に高低差を活かしたデザインをすることで、場所ごとにシーンの切り替えができ、水辺側の景色と公園側の景色で全く違う変化をつけられた。さらに、テナントさんのいろいろなご意見を伺うことで、より街との関係、川との関係、公園との関係みたいなのを深めることができたと思います。

東京スカイツリー側の起点。スカイツリータウンからは200mほど

設計でどんどん譲っていったはずのことが、結果として、街づくりに対してすごくプラスになった。難しさをクリアした先に得たものは、すべて街の個性になりましたから。もうそれはすごく大きかったです」

　ちょうど下町の路地のように、お店の間を通り抜けて向こう側に出られる配置や、駐輪場を1カ所に固めずに、お店の横に置けるようなバイクフレンドリーな街並みも、設計上の制約を逆手に取ったからこそできたことだ。

　その上で、乃村工藝社チームがこだわり、積極的に仕掛けたデザインコンセプトがある。「両A面」という考え方だ。水辺側と公園側、両面ともお店の顔にして、表と裏の関係にしない。どちらの面もガラス張りの構造で、水辺側からは公園側が、公園側からは水辺側が、店内を通してよく見えるようにする。街としての開放感を大きく高めるアイデアだ。しかし、店舗設計の常識に反する仕様だけに、ハードルも高かった。

「大変なんですよ、建築で両A面にするのって。設備とかいろいろありますけど、そういうのを頑張って隠したよね」

　と加藤さんがいえば、妙中さんも、

「そうなんです。ごみ捨てとか設備とかトイレとか。そういうものは普通はバックヤードに寄せるじゃないですか。建物に背面があると、そこにまとめればいいんですけど、今回は両方表なので、バックヤードをどこでどう取るのか、すごく苦労しましたね」という。

大切なのは、人の目線でどう見えるかです

　こうした設計を考え抜く過程で、チーム内や関係者で空間デザインの形をどう共有して、どう議論していくかも課題だった。全長約600メートルの低層建築だけに、通常の建築模型やパース図では、建物のディテールはもちろん、それがどんな空間体験をもたらすのかがよく分からないからだ。

「私たちが設計をデザインしていく中で、すごく大事にしているのが、人の目線でどういう体験になるのかということです。建築として美しいのか、格好いいのかというのは二の次なんです。最初につくった模型をのぞき込んでみても、ここに立った人にどういうふう

店舗はすべて独立した建物。両面ともにガラス張りのデザインが特徴

至るところに路地のような通路が。水辺と公園側の一体感を高めている

に見えて、どこを歩きたくなるのかみたいなことが、もうさっぱり分からない。

　それで、3次元の設計ツールであるBIMを活用して、ロールプレイングゲームのようなバーチャルな空間をつくって、コントローラーでその中を自在に歩き回れるようにしました。そうすると、鉄柱が邪魔になるなとか、いろいろなものが人の目線で見えはじめて、利用者にとってどういう体験になるかということの解像度が上がってきたんです」（妙中さん）

　東武鉄道の中島さんは、3Dウォークスルーの効果は非常に大きかったという。「初めて見ましたが、本当に分かりやすかった。みんながイメージをつかみやすくなって、そこから大きく進みだしましたね。ちょっとこっちに入ったところを見たいんだけど、なんていうリクエストも気軽にできるようになりました」

　3Dウォークスルーには、予期しない効果もあった。プロジェクトでは、地元墨田区と多くの協議や調整が必要だったが、開発側の意図や完成イメージを行政に理解してもらいやすくなったという。

「公園と施設と河川とを面でつなぐとこうなります、ということを具体的な完成イメージで伝えられましたし、例えば、墨田区では原則として建物の色に制限があるんです。でも、開発チームとしては、お店の顔を囲む額縁のようなイメージで下町らしい"相済茶"（あいすみちゃ）という黒に近い色を使いたかった。それで緊張しながら、景観審議会の先生方に3Dウォークスルーで説明したら、快くご了承いただけました。開発者側だけではなく、さまざまなステークホルダーの方たちに共有認識を持っていただくのに有効なツールなんですね」（加藤さん）

お店と一緒につくる街の文化

　ハードのデザイン設計と並行して、乃村工藝社チームが精力的に取り組んだのがテナントリーシング（店舗誘致）だ。

「初動としては、東京ミズマチのストーリーをどう組み立てるかなので、イーストトーキョー、つまり東京の東エリアで、5年、10年と路面店をやって成功して、カルチャーをつくってきた人たちにお話を聞きに行きました。最初に訪ねたのは、例えば、現在、

高架下ながら、高低差の関係で2階建てにできた建物もある

いちばん西側に出店していただいている［LAND_A］さん。バルニバービさんという企業で、蔵前でレストランやっていたり、イーストトーキョーで結構活躍されています。そういった方々の50社ぐらいに、まずお話をお伺いに行きました。やはり、そういう方々が5年、10年やってきて成功している理由を知りたかったんですね。

　誘致活動の結果、現在、出店していただいているお店は13店舗。いってみれば、東京ソラマチとは、店舗数が全然違います。片や300店、こちらは13店です。でも、13のお店のあり方を考えた時に、最初に東武鉄道さんが構想されたように、やはり1店1店の個性が大事なんですね。それぞれのお店のファンづくりをちゃんとやってきているプレーヤーに出ていただいて、小さな個性の集合体にしたいなと。結果的に、出店していただいた方の7割ぐらいが、イーストトーキョーに関わりのある方か、この近隣に住んでいらっしゃる方です」（川井さん）

　テナント選びのためにコンタクトした企業やお店の数は、「13店舗の20倍くらい」（川井さん）。テナントリーシングの作業には、3年を費やした。

「中には、［Jack's Wife Freda］さんのような、海外のレストランも入っています。情報発信力に期待して、海外企業にもお声掛けしたところ、海外から見るとクールな浅草周辺の地で、路面店カルチャーをつくっていきたいということで出店していただきました。何かここで一緒に文化をつくっていきたい、ここで新しく街づくりに参加したいという思いを共有できる人たちと一緒に取り組んでいるのが、東京ミズマチのテナント誘致のあり方ですね」（川井さん）

地元エリアに、お客さまがしみ出していく

　開業から2年余り。コロナ禍という予期しない逆風にさらされながらも、東京ミズマチは地元エリアを巻き込んで、ゆっくりと成長を始めている。東武鉄道の早野さんは、その変化を感じているという。

「このエリアは、すごく変わったと思いますね。まず、ここを通る人の量が圧倒的に増えています。通っていらっしゃる人の年齢層が幅広くなりましたし、家族連れやカップル

水辺のボルダリング場。夜、外から見える景観は、この街の象徴

サイクルショップ＋ボルダリング場＋カフェなど、複合業種のお店が多い

観光客だけではない。地元の人々も、好んで遊歩道を行き交う

など新たな層も増えています。以前は、東京スカイツリータウンと浅草という、拠点から拠点へで終わっていましたけど、東京ミズマチができたことで、地域エリアへのお客さまのしみ出しというか、近隣の路地を歩く人たちも結構出てきているような気がします。実際、若い人たちのお店が増えています。

　もともと、東京スカイツリータウンは、タワーのある街をつくりたいというところから始まりました。それはスカイツリータウンだけではなく、墨田という街そのものが、自然発生的にどんどん膨らんでいこうというコンセプトです。東京ミズマチができたことで、さらに街への波及が期待できそうで、すごくいいものを計画できたなあと思います」

　同じく東武鉄道の中島さんは、高低差解消のために、乃村工藝社チームがデザインした小さな広場に変化の兆しを感じている。

「ホテル［WISE OWL HOSTELS RIVER TOKYO］さんのエントランス前に、段差のついた広場があるのですが、どんどん活用してくれているんです。野菜を売ったり、朝、軽トラでお魚を運んできて並べたりね。ただの小さなコンクリート広場を、ああいうふうにテナントさんがアレンジして活用してくれる。街の場づくりをしてくれているわけで、すごくよかったと思います。5年後、10年後には、街が大きく成長しているかもしれません」

　街の5年後、10年後に思いをはせるのは、乃村工藝社チームも同じだ。

「家族連れやカップルが増えたなかで、その家族で来ていた方たちが、5年後、10年後、例えば少年少女だった子どもたちが、高校生の時にここでまた遊んで、それがまた次の世代につながるとか、何かそういった街の原風景のひとつとして、この施設はできたんじゃないかなって思います。今の時点だけじゃなくて、友人とか、恋人とか、家族とかっていう横の広がりの場として、あるいは次世代に向けての場所づくりにもなれたかなあと。だから、このプロジェクトに関われたことは、本当に誇りに思っています」
（加藤さん）

「ずっと一緒に仕事をしてきて、この東京ミズマチも、東武鉄道さんらしいプロジェクトだったと思います。賢く目先のお金もうけに走るのではなくて、長い目で地域への貢献を考えて、こつこつ真面目につくっていく。変に狙ったところがない街づくりですから、絶対色あせずに続いていきます。10年後とか、20年後の街の姿って、今からイメージ

していなくても、自然にできてくるんじゃないかなと思います」(冨永さん)

　最後に、このプロジェクトに関わったすべての人々が熱望しながら、いまだに実現していない夢があるという。

「東京ミズマチから隅田川の花火が見たい!　ここの水辺テラスから見上げる花火は最高なはずなのですが、オープン以来、コロナで毎年中止が続いていて。2023年こそは、と全員が思っています」(川井さん)

(2022年7月取材。記事中の肩書きは取材時のものです)

「聖」と「俗」
どちらも魅力的な場でありたい

神田明神文化交流館「EDOCCO」——東京・千代田区

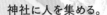

神社に人を集める。
それも、江戸時代から続く神社本来の魅力を取り戻すかたちで。
「聖」と「俗」、「伝統」と「現代」とが共存し、交流し、触発され、
混じり合って新しい何かを生み出す場をつくる。
必要なのは、空間をデザインするだけではなく、
その空間をどう使うかまでをも創造する力だった。

それは一本の電話から始まった

　2014年秋。乃村工藝社の代表番号に一本の電話がかかってきた。用件は、東北自動車道・羽生パーキングエリアにある施設、「鬼平江戸処」をプロデュースした担当者に相談があるというもの。「鬼平江戸処」は、江戸の町並みを模した施設で、テーマパークのような館内には老舗飲食店や物販店が軒を連ねている。2012年末にオープンすると、サービスエリアの施設とは思えない斬新さに、年間500万人が来場する人気スポットになっていた。

　電話の主は、神田明神の宮司で、当時は権宮司を務めていた清水祥彦さん。2030年に迎える創建1300年の記念事業として、さまざまなアイデアを検討しているところだった。

「名誉宮司が、2020年の東京オリンピック・パラリンピックまでに、記念事業の一環として何かしっかりとした文化的な施設をつくりたいという意向を持っておりました。ちょうど境内の一角に立体駐車場がありましたので、それを解体して跡地を再開発しようと、2014年に事業をスタートさせたのです」

　しかし、再開発でどんな施設をつくるのか、なかなか構想はまとまらなかったと清水さんはいう。

神田明神 宮司
清水祥彦さん

「初期の段階では、ホテルをつくるというアイデアもありました。屋上に露天風呂があるような和風のホテルです。参拝者やインバウンドのお客さまに泊まっていただき、朝食前には神社で朝のお祓いを体験。そんなイメージでした。神社を知っていただくという意味ではいいのですけれども、それだけではなかなか神社とのふれ合いが十分ではない。大切な土地の再開発なのだから、もっと検討しようということで見送りになりました」

　そこで清水さんは、いろいろな情報を集め、お手本になりそうな施設を視察して歩くことにする。そのひとつが、「鬼平江戸処」だった。

「施設を見て非常に感銘を受けました。こういうコンセプトというか、こういうものの考え方を神田明神でも取り入れたい。現代のなかに古さと新しさがうまくミックスされていて、神田明神が目指しているところと非常にリンクしていると思いました。

後日、名誉宮司を羽生までお連れして、見学しました。80歳を超えても進取の精神に富んだ方でしたので、非常に興味を示されて、なら、これでいこう、これをつくった会社にお願いして、あの空間創造の力をぜひ活かしていただこう、ということになったのです」

　そんな経緯があって、冒頭の飛び込み電話となった。乃村工藝社には、年間に1万件の依頼が持ち込まれるが、依頼主とこんなご縁のできかたは、非常に珍しいという。

　電話は、「鬼平江戸処」を担当した乃村工藝社のプロデューサー、坂爪研一さんに回され、びっくりした坂爪さんは、建築を一から立ち上げるプロジェクトのマネジメント経験が豊富な山口誠二さんとともに神田明神を訪れる。そこで神社から依頼されたことは、「羽生で"江戸のにぎわい"がつくれるのなら、江戸の中心で"江戸のにぎわい"をつくってもらえないか」（坂爪さん）というものだった。

かつて神社は、多くの人が集う場だった

　神田明神は西暦730年の創建。江戸城の北東の方角、表鬼門に位置し、江戸全体を守護する江戸総鎮守として親しまれてきた。神田、秋葉原、日本橋、人形町、丸の内、神保町など、当時の江戸の中心に108の氏子町を持ち、各町から神輿が出る神田祭は、京都の祇園祭、大阪の天神祭と並ぶ日本三大祭として知られている。祭のクライマックスである宮入（みやいり）では、大小200基もの奉納神輿が、威勢のいい掛け声や熱気とともに、町々から神田明神の境内へ集まってくる。その勇壮で圧巻ともいえる光景は、現代に受け継がれる江戸文化の象徴でもある。

　こうした江戸時代から続く文化的なにぎわいを復活させ、未来に向けて発展させることが、新しい施設建設の目的だったと清水さんはいう。
「創建1300年記念事業の大きなテーマは『伝統と革新』です。1300年の伝統を大切にしながら、次の時代に向けてチャレンジャーとしての神田明神のあり方を示す施設にしたい、そんな思いでいました。

　いま、神社界をめぐる状況は非常に危機的です。全国に8万の神社がありますけれど

観光客も地元の人も、ごく自然に立ち寄って参拝する

境内は、昔も今も庶民のささやかな願いで満ちている

も、少子高齢化と過疎化によって、神社の存続が厳しく問われている。特に地方の神社は疲弊が激しくて、住民が誰もいなくなっては神社を守れません。いつかは東京も少子高齢化の波を受けて大変厳しくなっていくでしょう。そのなかで神田明神は、活発な文化交流の場として生き残っていきたいと考えています。

江戸時代には、神田明神にさまざまな文化人が集っていました。浮世絵師、茶人、国学者たち……。そういった文化人たちが対話し、交流して、素晴らしい浮世絵の作品が生まれたり、多くの茶人が出て、茶道の文化を広めたり、あらゆる分野の国学者たちが学問を究めたりと、この神田明神から江戸の文化がどんどん生まれていきました。そういう歴史があるのですね」

文化人の交流だけではない。もっと幅広い大衆文化の発信力が、江戸時代の神社にはあったと、神田明神で禰宜を務める岸川雅範さんはいう。

「神社という場所は、いまはお参りをする神聖な場所というイメージに傾いていますけれど、元々は、門前町には人がたくさん住んでいて、射的場があったり、芝居小屋があったりと、いわゆる世俗的な要素もすごく多かったのです。神聖な場所と世俗的な空間というのが、相違わず一緒にあった。

しかも、長い歴史で見ると、文化は、新しい伝統を創造することの繰り返しです。

いま、神社にお参りする方々は現代人ですから、もともと神社は現代文化を受け入れる素地を持っているのだと思います。ですから私たちは、アニメとのコラボや、プロレスのイベントを受け入れたりしますし、もちろん伝統芸能も受け入れる。さまざまな文化を受け入れるのが神社なのです」

神田明神 禰宜
岸川雅範さん

プラン玉砕からの再チャレンジ

　依頼を受けた乃村工藝社のチームは、さっそくプランニングに取り掛かる。神社への集客という切り口に力点を置き、スタジオジブリの作品『千と千尋の神隠し』に登場する湯屋「油屋」のような外観イメージで、第一案「繁昌御礼　知恵処」をつくり上げた。テーマパークのような瓦葺き、木造風4階建ての建物に、飲食店や物販店、東京スカイツリーが望める展望ロビー、屋上庭園などを収容する施設だ。

　しかし、この案には、神職とともに神社の運営にあたる氏子総代会が猛反発。あっさり却下されてしまった。

　乃村工藝社の坂爪さんは、そのときのショックが忘れられない。

「神田明神の歴史をひもといたときに、ビジネスの商売繁昌に非常に強い神社だと、最初、僕らは勝手に解釈してしまったのです。なので、そこにフォーカスして、『千と千尋の神隠し』の空間のようなプランをつくってご提案したところ、氏子総代会から、神社は商売繁昌祈願だけの場所じゃないと、大変なお叱りを受けまして。玉砕でしたね。でも、それで諦めたくはないという思いでした」

乃村工藝社・クリエイティブ本部 プランニングセンター
企画開発部 プロデューサー
坂爪研一さん

　坂爪さんとともに、提案を行った乃村工藝社の山口さんは、ショックではあったものの、反対される理由にはとても納得がいったという。

「神田明神には、一之宮から三之宮まで、三柱の神様が祭られています。だいこく様、えびす様、まさかど様で、順に、縁結び、商売繁昌、除災厄除の神様です。私たちの提案は、商売繁昌のえびす様に焦点を合わせていたので、それじゃ、だいこく様、まさかど様はどうするつもりなんだと、氏子総代の方々にいわれまして、反対された理由がとても腑に落ちました。すごく怒られたというよりも、丁寧に教えていただいた印象です」

乃村工藝社・ビジネスプロデュース本部 第三統括部
新領域プロジェクト開発部 統括部長
山口誠二さん

昭和9年に竣功。当時としては画期的な鉄骨鉄筋コンクリート・総朱漆塗

乃村工藝社チームは、その日の晩に予定していたプラン完成の慰労会をキャンセルし、すぐに気持ちを切り替えて次のプランづくりに向かう。

「第二案はバランスの取れた文化交流施設にしようということで、神社のみなさんと一緒に勉強会を始めました。大学の先生にレクチャーをお願いしたこともあります。並行して何回もプランを練り直しながら、チーム全員で悶々とした夏を過ごしましたね。それで3カ月、4カ月経った頃には、発想が湧いてくるというか、アイデアが降りてくる時期がありまして、第二案の構想が固まっていきました」（坂爪さん）

　こうして、1階は神札授与所や飲食・物販スペース、2階・3階は多目的ホールとVIP席、4階は神社の催事や貴賓室として使えるラウンジスペース、地下1階は伝統芸能や日本食などの日本文化体験施設、という最終形に近いコンセプトが整ってきた。

　ただ、各フロアのコンセプトは固まっても、建物の床面積や高さで、どうしても制約が出る。フロアの利用目的を考えた時に、設計上の無理を承知で最後までこだわったのが、多目的ホールの天井高だったと坂爪さんはいう。

「建物の敷地が決まっていますから、プラン作成の途中までは、1層レベルの、もっと天井が低いホールだったんですね。でも、天井高が豊かな空間のホールにしたほうが、ダイナミックにいろいろなことができる。天井が低いとホテルのバンケットみたいになってしまいますけど、例えばコンサートなど、文化を創造するようなイベントには天井が高いほうがいい。

　それで、ホールをつくる専門会社10社にあたりました。そうしたら、階段状の劇場型ホールの5社は、5社ともが、この規模では小さすぎるから駄目だという。でも、フラットホール専門の5社は、5社全部が面白いと。そんな世の中にないことをやってみたいということで賛同を得まして、そのなかの1社と一緒に設計を詰めて、2階、3階を一体化した吹き抜け天井のホールが実現できました」

　実際に、天井が高いホールは使い勝手がいいと、禰宜の岸川さんはいう。

「天井の低いホールなら、境内の反対側にある結婚式場の明神会館にもあります。でも、文化交流館は天井が高いことで、アイドルやプロレスなどのイベント、あるいは伝統文化のお能とかお囃子とか、使いやすいし、開放感がある。近隣にホールはいくつもありますが、天井が高いものはないので差別化にもなっています」

境内の御神木。大都会の真ん中で鎮守の杜の面影を残す

朱格子デザインの文化体験施設。日本文化の体験イベントが開かれる

© 河野政人(ナカサアンドパートナーズ)

お客さま集めに外の知恵を

　建物の構成は決まった。しかし、乃村工藝社チームのこだわりは、実はここからが本番だった。文化交流館のパフォーマンスをもっとも引き出してくれそうな運営事業者を、チーム自ら探し歩いたのだ。それも全館一括ではなく、各スペースの利用目的ごとに、個別に専門の運営会社をあたった。

　坂爪さんが、その意図を語る。

　「僕はあらゆるジャンルの施設をやってきましたけれど、どんな施設でも、運営が非常に重要なんです。誰がお客さまを集めるのか、誰がお店や施設を回すのか、商業的にも事業的にも成り立たせなければなりません。こういう神社さんの施設は、神社さん自身で運営されるところが多いですが、外からの専門的な知恵が働かないと、神社さんには重荷かなと思ったのです」

　テナント誘致やコンペを行った結果、2階・3階の多目的ホールは、ホール運営の専門会社に、地下1階の日本文化体験施設は、インバウンド需要を視野に旅行会社3社のアライアンスに、1階のカフェは各地で観光レストランを展開する外食会社に、そして1階の物販店は、乃村工藝社のグループ会社であるノムラメディアスに運営を委託することになった。ちなみにノムラメディアスは、江戸東京博物館など、各地のミュージアムショップも手掛けている会社だ。

　そしてこの複数社への運営委託方式は、事前に想像すらしなかった形で神田明神の窮地を救うことになる。宮司の清水さんが語る。

　「文化交流館がオープンしたのが2018年12月だったのですが、その翌年の暮れから中国でコロナが出始めて、2020年からは日本もコロナ一色になりました。もちろん、神社も文化交流館も、一切の活動を止めました。収益上は大赤字です。それがほぼ2年半続きまして、企業だったら倒産するところです。しかし、いい座組をつくっておいていただいたおかげで、運営会社さんたちと力を合わせて何とか乗り越えることができました。神田明神だけの運営でしたら持たなかったでしょうね」

　余談ながら、物販店を乃村工藝社のグループ会社が運営していることもあって、お土産用の神田明神オリジナルグッズをいろいろと考案することも乃村工藝社チームのカバー範囲だ。

　例えば、考案したオリジナルグッズのひとつが「神田明神　神社声援（ジンジャエー

貴賓室。天井に鳳凰、緞帳はフランスで活躍した画家、松井守男さんの作品

©河野政人（ナカサアンドパートナーズ）

売店コーナーには、神社建築の伝統様式で木造の屋根がかけられている

ル）」。ダジャレのようなネーミングながら、瓶の底にショウガのすりおろしがたまるほど
の本格派。坂爪さん、山口さんとで佐賀の製造元まで出向いて話をまとめてきたという。
「すでに10万本以上売れました」（坂爪さん）という人気商品だ。

あらゆるところに「物語」を埋め込む

　もうひとつ、乃村工藝社チームのこだわりは、神社らしさや江戸の文化のエッセンスを、
いかに空間デザインに盛り込むかだった。請われて後からチームに加わった乃村工藝
社のデザイナー、大西亮さんは、まず神田明神の境内をくまなく歩き回ることから始めた。
「境内で神田明神を表すいろいろな"記号"を探しまくりました。デザインに昇華できるも
のを切り取って、新しい空間に埋め込んでいこうと
思ったのです。つくる空間は、オリジナルなものじゃ
なきゃいけないですけど、いいものができたらできた
で、コピーされる。でも、神田明神の"記号"を埋め
込んだ空間ならコピーされない。そこは永遠に残る。
永遠に残って、それが人々のコミュニケーションの
きっかけになり、物語として語り継がれていく。そん
なふうにデザインの方向性を考えました」
　記号とは、人々にそれを見せることで、特定の対
象物を想起させたり、意味を伝えたりするもの。誰も

乃村工藝社・クリエイティブ本部 第二デザインセンター
デザイン3部 部長 デザインディレクター
大西 亮さん

が神社を想起する鳥居の形をはじめ、神社には記号があふれている。もちろん、神田
明神ならではの記号もある。
「施設をつくる場所には、解体された鳳凰殿がありました。その鳳凰が、建物の一番上
に鎮座しているという物語設定で、最上階の天井には鳳凰のデザインを入れました。
　それから、1階の飲食・物販スペースには、神田明神の本殿をモチーフにした屋根を
かけました。権現造という屋根が重なっている様式で、1本の柱で2つの屋根を支え
る構造にしました。また、梁と交差するところには、伝統的な組み方である枓栱を設け、

垂木の断面は砥の粉で白く仕上げました。どれも神社らしい独特の様式です」（大西さん）

　さらに館内には、キモノデザイナー・斉藤上太郎さんによる神田明神1300年の歴史を描いた巨大な西陣織タペストリー、しめ縄などから下がる独特な形に折られた紙垂をデザインした壁紙、神田明神の文字をグラフィック化したアイコン、朱や格子をモチーフにした天井、等々。至るところに神社の記号が散りばめられている。利用者が特に意識しなくても、神社の中にいることを感じさせる空間づくりだ。

　そして、大西さんの記号埋め込みは、一見すると分からないような粋の領域にまで広がっていく。

「七五三の千歳飴は、神田明神が発祥の地であるといわれているんですね。それにちなんで、七・五・三という数字をあちこちに埋め込んであります。壁紙の紙垂デザインを、七本、五本、三本の線の繰り返しで描いたり、形に見えないところでも、クッションの比率を七対五対三にするとかね。

　神田明神文化交流館『EDOCCO』のロゴマークは、七つ、五つ、三つの波形で牡丹文字のようにした社殿のマークに、3本の髭を持った髭文字のアルファベットを組み合わせてあります。髭文字は三越さんのマークなどにも使われていて、江戸のアーティストたちが縁起ものとして、あるいは江戸の粋として、遊びで入れていたものです。

　三越さんのマークもそうですけど、そういう話はいわれないと気が付かないじゃないですか。でも知ると、誰かに伝えたくなる。話しやすくて、覚えてもらいやすい。そんな記号を空間に埋め込んでいきました」

　さらに、デザイン的な遊びではなく、神田明神ならではの必要性から、建物の外観を特徴づけた物語もあると山口さんはいう。

「神田祭のときは、この境内全体が舞台になるんですね。200基もの神輿が集まってきて、境内が神輿で埋め尽くされるんです。その神輿を道路に逃がす通路をつくらなければならない。建物の前に神輿が通れる幅と高さのスペース確保が絶対条件だといわれました。柱スパンや階高に影響するので、設計の一番大事な要素でしたね。ギリギリ通れる大きさを巡って、ずいぶんと議論しました。普段は広々としたテラス席になっている場所がそれですね」

壁紙には、伝統の市松模様や「神田明神」の文字をデザイン化

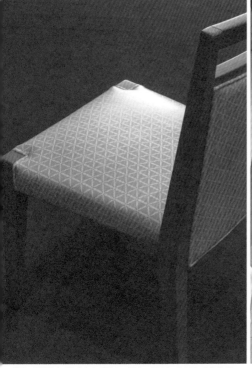

椅子の張り地まで牡丹文字デザイン。館内の至るところにアート作品が

© 河野政人(ナカサアンドパートナーズ)

変わらないために、変わり続ける

こうして4年半をかけた神田明神文化交流館「EDOCCO」が完成した。

参道から境内の入口にある随神門をくぐると、正面に本殿、左手には大きなだいこく様の像。だいこく様の背後に立つ文化交流館は、全面ガラス張りのモダンなデザインで、視覚的な圧を感じさない。本殿より背が高い建物なのにかかわらず、周囲の風景に溶け込み、落ち着いて控えめな佇まいだ。しかし、夕暮れになると、ガラスの壁面越しに巨大なタペストリーが照明で浮かび上がり、幻想的ともいえる雰囲気が漂う。

コロナの影響を受けたものの、開館以来、既にさまざまな文化交流が行われてきた。本殿と連動したサテライト参拝、巫女舞、華道展、国際会議、セミナー、三味線ライブ、落語、商品発表会、利き酒体験、プロレス、タレントのステージライブ、江戸あやつり人形、芸者あそび体験、メイドカフェ連携イベント、等々。

なかでも、乃村工藝社が主催した「鈴木敏夫とジブリ展」は、3週間で9万人来場という大盛況となった。まさに、「聖」と「俗」、「伝統」と「現代」とが活発に交流する場となっている。

文化交流だけではない。「EDOCCO」ができたことで、参拝者にも大きな変化が現れていると宮司の清水さんはいう。

「今まで神社に来られた方は、お賽銭をあげて、お参りをして、おみくじかお守りを購入されてお帰りになる。それが10分か15分くらいの時間なのですね。でも、文化交流館ができたおかげで、カフェでお茶をしたり、甘味を食べたり、ショップでお土産を選んだり、イベントやセミナーがあれば覗いてみたりと、滞在時間が、2倍、3倍に増えました。雨やかんかん照りの日でも、参拝者の方には建物の中でゆっくりと、くつろいだ時間を過ごしていただける。それが本当に素晴らしい。この空間が神社に新しい価値をもたらしてくださったのです」

禰宜の岸川さんは、活性化が境内全体にまでおよぶのはこれからだという。

「人が来ているというのは感じますね。ただ課題は、今の段階では、境内の各施設がバラバラに動いていることです。文化交流館の中だけでも、ホールでのアイドルのコンサートが、1階のお土産屋さんになかなかつながっていかない。でも、本殿裏の資料館で初代タイガーマスク展をやって、その関連の講演会を文化交流館の地下でやるとか、6月に行う夏越大祓というお祭りにちなんだ "夏越ごはん" を、2022年から文化交流館の

カフェで出すようにしたりと、少しずつ連携を強めています。私自身も、各施設の担当の方々とコミュニケーションを図り、神田明神としての一体感がかなり高まってきました。

　文化交流館は、2023年で5年目になるので、正念場になってくると思います。今までは新しかったから、神社の新しい伝統と革新でしたけど、5年たったらもう新しくはない。これから危機とチャンスが表裏一体になってやってくるわけですから、みんなで神田明神にふさわしいあり方を考えようと思っています」

　神社の集客施設という未経験のテーマにチャレンジし、神田明神と一緒にここまで走り続けてきた乃村工藝社チームにも、それぞれの感慨がある。

「宮司がいわれたように、人の滞在時間が延びているんですね。滞在時間が延びると、常に境内に人がいる状態になる。境内がにぎわっていると、そこに吸い寄せられるように、さらに人が集まってくる。人が集まってこそ、文化が生まれる舞台ができてきます。建物をつくるだけではなくて、つくった後も関わってこられて、本当によかったなと思います」（坂爪さん）

「記号のデザインもありますけど、今回は、持続可能というキーワードに寄与する仕事ができたのもよかったかなと。文化交流館の1階内部は、材料を主に木材で仕上げましたけど、その木材のほとんどは東京の多摩産材を使っています。それが話題になって、神田明神でセミナーが開かれたり、サステナブルなテーマのイベントにも展開していきました。デザインだけではないコミュニケーションにつながりました」（大西さん）

「このプロジェクトの前までは、神社って一種のブラックボックスで、近寄りがたい印象でした。でも、一緒に仕事をさせていただくと、神社経営という事業をどう持続可能な状態にするのか、すごく真剣に考えておられる。神社の施設全体を面として捉えて、どう活性化するか、回遊化させるかを考え抜いて、何をすべきか総合的な判断をされていく姿を目の当たりにしました。私たちのほうが、ずいぶん学ばせていただくプロジェクトだったと思います」（山口さん）

　現在、神田明神と乃村工藝社チームとの間では、境内に人が少ない時間帯をどう活性化させるかのプランが練られている。先々に、もっと人が集まり、境内が活性化するような、まだ秘密のアイデアがあるという。

　宮司の清水さんに、ここまでのプロジェクトへの評価を伺ってみた。

　　　　　　　　　　　　　奉納神輿が退出するためのスペース。普段は参拝者が憩うテラスに

「神社というのは、もう永遠に不変。そういうものだと一般的には思われていますが、神社は、常に時代によってスタイルが変わってきています。そして、これからも変わり続けなければいけない。変わらないために、変わり続けなければいけない。そういう場所なのです。

　それを乃村工藝社のみなさんが、見事な空間創造の力を発揮していただいて、"変わらないために、変わり続ける"を、しっかりと文化交流館の中に落とし込んでくださった。そんな思いでいます」

　極上のほめ言葉が飛び出した。

（2022年7月取材。記事中の肩書きは取材時のものです）

©川澄・小林研二写真事務所

科学の不思議を体感する空間で
子どもの創造スイッチを入れる

パナソニック クリエイティブミュージアム
「AkeruE（アケルエ）」

東京・江東区

子どもたちの主体的な行動を引き出す場としてのミュージアム。
そんな未来を先取りするようなミュージアムが登場してきた。
知識量の多寡よりも、自ら考え、発見し、何かをつくり出す力を育てる。
そして、すべては大切な地球環境の上で営まれていることを、
ミュージアムそのものが身をもって示していく。
新しい時代を見据えた新しい教育が、すでに始まっている。

理数の館に、アートを取り入れる

　真正面に東京ビッグサイトを見通す、りんかい線・国際展示場の駅前広場。その一角にあるパナソニックセンター東京に、子どもたちはもちろん、大人たちもわくわくするような、未来感覚あふれるミュージアムがある。"ひらめき"をカタチにするミュージアム「AkeruE（アケルエ）」だ。

　3階のASTRO（アストロ）エリアに足を踏み入れると、そこは不思議なものがいっぱい詰まった空間。空中を浮遊するいくつもの赤い小さなリンゴが、場所を入れ替えながら移動していく［floatio］、紙に描かれたレールの上をなぞって小さな電車が走り、枕木の色に応じて音を奏でる［Looks Like Music］、真っ黒な液体が、金属のトゲの塊のような形に変化する［突き出す、流れる］、ドロドロの白い液体が、不思議な形に盛り上がり、ゆっくりと消えていく［Coworo］、大きなキャンバスに絵の具で描かれた絵が、その色や見え方を刻々と変えていく［赤い緑、黄色い青］、等々。動く現代アートとして、いつまでも眺めていたくなる。

　それぞれのアートの傍らには、そのアートに使われている科学の原理を体感できるような手づくりの実験装置が置かれている。アートの動きに驚いた子どもたちは（もちろん大人たちも）、自分で実験装置を操作して、原理を確かめる。理解するまでには至らなくても、体で感じることができる。

　隣りのCOSMOS（コスモス）エリアは、アートに触発された子どもたちの創造の場。棚に並べられたさまざまな素材を自由に選んで、自分だけの作品をつくり上げる。真ん中には円形の大きなステージ。作品は、ここに展示してもいいし、持ち帰ってもいい。

　さらにPHOTON（フォトン）エリアは、子ども向けの映像やWebコンテンツの制作スタジオ。写真、動画、アニメーションなどを自分でつくり、発信することができる。2階のTECHNITO（テクニート）エリアでは、クルーが常駐し、子どもたちに、ものづくりのアドバイスを行う。道具類も揃っていて、3Dプリンターまで使用できる。

　AkeruEは、展示を見て学ぶ従来型のミュージアムとは違い、展示によって不思議さを体感し、感動し、触発され、自ら手を動かしてカタチにする――そんな今までにない形のミュージアムなのだ。

　もともと、同じ場所には理数の魅力と触れ合うための体感型ミュージアム「RiSuPia（リスーピア）」があった。AkeruEは、それを発展させる形で企画したと、パナソニック

パナソニックセンター東京
展示・運営課エデュケーション係
係長
蟬丸明子さん

ロフトワーク
クリエイティブディレクター
越本春香さん

センター東京の蟬丸明子さんはいう。

「1階に東京オリンピック関連の展示があって、2階、3階がRiSuPiaだったのですけれど、東京オリンピックが終わるタイミングで全館を見直そうということになりました。その時点で、RiSuPiaも2006年の開館から14年が経っていましたので、それを新しいミュージアムに発展させようという構想が立ち上がったんです」

RiSuPiaは、理科・数学の面白さ、すばらしさを体験できるミュージアムとして開設され、14年間に約460万人が来館したという人気施設。後継となる施設のプランニングは、Webやコンテンツ、コミュニケーション、空間などのデザインを通じて、プロジェクトそのものをデザインする会社、ロフトワークが担当した。ロフトワークのクリエイティブディレクター、越本春香さんは、当時のRiSuPiaはかなり老朽化が目立っていたという。

「人気の施設で、コンテンツもすごくいいものがあったのですが、表面的な老朽化だけではなく展示を動かすソフトウエアもサポートが終了し、いつ停止してもおかしくない状況でした。時代も移りゆくなかで、次はどんな施設をつくったらいいのかというお題がパナソニックさんからあって、ロフトワークからはSTEAM教育をベースとしたプリミティブな体験のできるミュージアムをご提案しました」

STEAM教育とは、Science(科学)、Technology(技術)、Engineering(ものづくり)、Art(芸術)、Mathematics(数学)を組み合わせた教育のこと。前身のRiSuPiaの理念がSTEM教育だったのに対し、世界的な教育理念の進化を取り入れ、Art(芸術)の要素を加えることになった。

光の三原色で、ものの見え方がどう変化するのかを体験する

手を動かすミュージアムにしたい

もとのRiSuPiaをつくったのが乃村工藝社だったという関係もあり、乃村工藝社のチームも、早い段階からプロジェクトに参加することになった。チームのデザイナーとして参加した山口茜さんにとって、このプロジェクトには、先輩たちの仕事を引き継ぐ感覚があったという。

乃村工藝社・クリエイティブ本部
第二デザインセンター デザイン4部 部長
デザインディレクター
山口 茜さん

「RiSuPiaは、今回のAkeruEみたいにSTEAMのAとしてのアート要素を意識的に入れることはしていませんでしたけど、展示でアート的な表現はかなりされている施設でした。大先輩のレジェンドたちがつくった個性的な空間なので、わっ、これをどうしよう、みたいな感じでやっていました」

RiSuPiaからAkeruEへの進化で、機能面でのもっとも大きな変化はアウトプットの要素だと越本さんはいう。

「今までにない新しいミュージアムをつくりたいと考えていました。従来の科学館や美術館では情報のインプットが比較的多くて、知ることの感動はありますけど、その気持ちをどこかにアウトプットすることはできない。逆に工房に寄せてしまうと、インプットなしに何かをつくるのはなかなか難しい。両方の機能を兼ね備えたクリエイティブミュージアムにしたいという想いがベースにありました」

インプットとアウトプットについて、各社から出ているプロジェクトメンバーは議論を重ねていく。

「クリエイティブミュージアムをどう考えるかの議論で、すごく分かりやすいなと思ったのが、日本のミュージアムって、どうしても手を後ろに組んで見るような雰囲気がある。手は前に出しちゃいけないみたいな空気があるけど、それじゃ駄目だよね。手を後ろにしないで見られるようなミュージアムにしていかなきゃ、といった議論でした」（山口さん）

プロジェクトチームは、ベンチマークを求めて米国サンフランシスコの有名な科学館、エクスプロラトリアムを訪れる。山口さんは、日本のミュージアムとはまったく違う雰囲気に驚いた。

「パナソニックさんとロフトワークさんのスタッフの方々と伝説のミュージアムを見に行った

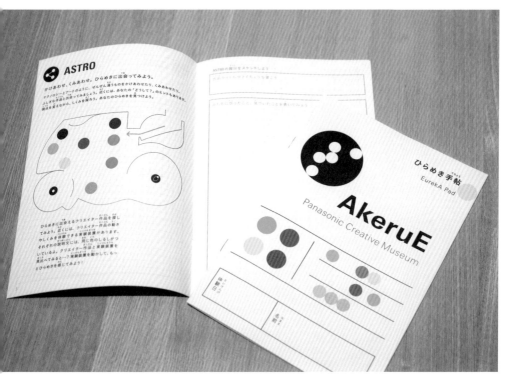

入り口で渡される「ひらめき手帖」。不思議に思ったことをその場でメモ

んですけど、"ああ、この空気をつくりたいよね" って思いました。来館者は、大人も子どもも世代を問わず、眺めるんじゃなくて、思わず手が動いている。開館して50年ほど経っているので、すごく成熟していて、3代続けて来館しているみたいな使い方です。おばあちゃんがここに来ていた、お父さんお母さんもここに来ていたとか。そういう人たちが、大人になってもずっと通うし、何曜日かの夜は大人の時間があって、夕方になるとお酒も出て、カップルなども遊びに来て大人だらけになる。サイエンスのいろいろな体験展示で遊びながらデートしている。完全に街の生活習慣に組み込まれているんですね。

　だから、AkeruEも、長く根づいて習慣になっていくような施設にしたいなと思いました。そこから子どもたちが育って、その人がまたここに子どもを連れて来る。そんな文化になるといいな、という想いが強く残っていますね」

赤い小さなリンゴが、場所を入れ替えながら移動する［floatio］

真っ黒な液体が、金属のトゲのような形に変化する［突き出す、流れる］

STEAMが詰まったアート作品を

コンセプトの方向性が決まったプロジェクトチームは、具体的な展示のプランニングに取り掛かる。展示用のアート作品のキュレーションは、ロフトワークが担当した。そこには明確な考え方があったと越本さんはいう。

「まず、各エリアを設定していきました。STEAM教育の説明としては、サイエンス、テクノロジー、エンジニアリングっていろいろなカテゴリーの話がよくされるのですけれど、それぞれを単純に学んでいったとしたら、それは知識だけで終わってしまう。例えばサイエンスとエンジニアリングの共通点は何かとか、それをつなげて何か違うものに変換する力をつけることが最も大事な要素だと思っていますので、まず展示作品として、既にSTEAMを体現している作品を探すことから始めました。

そうした分野に強いロフトワークのスタッフが、情報を集めたり、あちこちの企画展に足を運んだりした結果、STEAMの要素を統合している作品がいくつも見つかりました。それで、作品をぱっと見て、まず"わおっ!"という驚きがあり、原理展示として驚きの要素をちゃんと分解して見せることができる。そういう視点で作品選びをしていきました」

なかには、AkeruEのために、現場で作品をつくったアーティストもいた。乃村工藝社チームのデザイナー、古賀紗弥佳さんは内装工事の現場でアーティストの制作風景を目にしたという。

「現場にいると、絵の具だらけの女性が小部屋からふらりと出てくるんです。覗いてみると、プロジェクターからさまざまな色を投影しながら、これまた絵の具だらけのデジカメで撮影し、色の変化を確認しながら絵を描き進めている。画家の中山晃子さんが、[赤い緑、黄色い青]の作品を描いていたんですが、その姿はかっこよかったですね」

アート作品に対して、それぞれの仕組みや現象を説明する原理展示の制作は乃村工藝社チームが担当した。

「アート作品が7〜8点で、そこに関わる原理は二十数個ありました。それを子どもたちに分かりやすく体感してもらわなくちゃいけないんですけど、原理を理解するのは大人にだって難しい。たまたま、チームのデザイナーに谷清鳳さんがいて、彼は物理が大好きなんです。原

乃村工藝社・クリエイティブ本部
第二デザインセンター デザイン4部
古賀ルーム ルームチーフ デザイナー
古賀紗弥佳さん

理もみんな理解できる。

　それで、彼がひとつずつアイデアをスケッチに起こして、原理展示の実験装置を提案していきました。実際に原理通りに動くのか、あるいは実験のプロセスに楽しさはあるのか、何回もテストを重ねていましたね。

　実験装置を操作してみて、原理が分からなくても、自分が体感することで"あっ"という感じになることが大事なんですね。理屈は分からないけど、"あっ、違いがあるんだ"と感じてもらえるとか。要は、何か興味のスイッチが入ればいいのかなって思います」（山口さん）

　ロフトワークの越本さんは、展示は、子どもたちの理解よりも、興味の喚起を優先したという。

「普通の科学館だったら、このリンゴが浮きながら動きを変えられるのはコアンダ効果ですと科学現象についての説明があり、最初から難しい話に入ってしまうんです。科学好きでない限り"ふ〜ん"で終わってしまう。自分でもやってみようというところに、なかなか進まない。そのため、まずは体験して遊んでから興味が湧けば、もっと深く知ることができるというステップにしています。

　だから、展示の説明も簡潔にしました。答えを提示しないようにしてあるんです。先に答えが書かれていると、分かったつもりになって満足しちゃうんですよ。説明には、"何でこうなると思う？"とか、"観察してみよう"というような、問いかけしか書いていません。館内を巡回しているクルーが話しかけたりもしますが、その際も、子どもたち自らが答えに行き着くプロセスをサポートしてあげる形で、考える力を育むようにしています」

　ASTROエリアの機能が、アート作品を見て触発されるインプットなのに対し、アウトプットの場として、ものづくりコーナーのCOSMOSエリア、映像やWebコンテンツ制作のPHOTONエリアが用意された。

　COSMOSエリアの中央に置かれた大きな円形ステージは、一見するとシンプルな展示台ながら、実は非常に苦労した装置だと越本さんはいう。

「あのステージに乗せることで1つ1つの作品が集合して、みんなでひとつの大きな作品になるというところを体現したかったんですね。さらに、その世界の中で"共生"という関係性が生まれる仕組みを取り入れました。作品をステージに置くと、プロジェクション

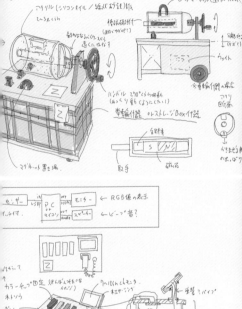

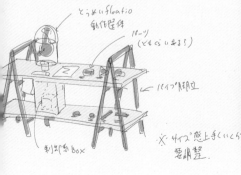

乃村工藝社の谷さんがアイデアを考え、スケッチした原理展示の数々

資料提供：乃村工藝社

パナソニック クリエイティブミュージアム「AkeruE（アケルエ）」

で光の線が出てきて、ピピピピッと、ほかの作品とつながっていく。円形の天板の内側2層を逆回転させることで、ずーっと見ていても飽きない景色になりました」

　この仕掛けと演出は、メディアアーティストの近森基さんが担当。ほかにもアート作品の原理を監修し、科学的な知見をアドバイスした研究者など、AkeruEのプロジェクトには、さまざまな分野から100人を超える専門家が協力したという。

日常の言葉で、デザインコンセプトを語る

　STEAM教育の実現とともに、AkeruEが掲げているのがSDGsの実践だ。SDGsの実践は、パナソニックセンター東京全体の取り組み内容でもある。

　例えばCOSMOSエリアでは、子どもたちがものづくりで自由に使える多様な素材が用意されているが、そのほとんどは再利用のものだ。

「提携してるメーカーさんからCOSMOSの工作材料に使う素材をご提供いただいています。現在、定期的にくださる会社があって、ねじ会社さんは廃番になった変わった形のねじ穴のものとか、ファッションの素材メーカーさんからは、ジッパーやボタンや布などをいただいたりします。金属メーカーさんは、大きい鉄の塊をくれたりするのですけど、それってメーカーさんは売ることができるんですよ。でも、お金に替えるより、子どもたちの想像力を見たいということでAkeruEのコンセプトに賛同し提供してくださっています」（越本さん）

　子ども向けの工作素材だけではない。館内の備品にも廃材をアップサイクルしたものを積極的に取り入れている。乃村工藝社チームは、そのためにリサイクル業者や廃棄物業者の倉庫を回ったりもした。

「倉庫を見に行って、これはというものを探してくるんです。太鼓を見つけた時は、これって植木鉢に使えるよねとか、これ、ホワイトボードにできるんじゃない？　という視点で探していました。わいわいと、みんなで意見を出し合いながら、これ、何かに使えそうなんて、節約するお母さんの知恵みたいで、楽しかったですよ」（古賀さん）

　館内の空間をデザインするにあたって、担当した乃村工藝社チームが取り組んだ課

　円形ステージに作品をのせると、光の線で他の作品とつながっていく

太鼓の植木鉢、バケツを利用したテーブルの脚。いずれも 廃物利用

2階には道具や素材を豊富に用意。クルーのアドバイスも受けられる

題は2つあった。ひとつは、子どもたちにとって、いかに伸び伸びと動きやすく、感性を刺激され、自由な発想を楽しめる空間にするか。もうひとつは、既存のものを活用するアップサイクルで、いかにして新鮮味のある空間を仕立てるかということだった。

　ロフトワークのスタッフも交えて、子どもたちにとってクリエイティブなスイッチが入る空間を議論するなかで、乃村工藝社チームは、いつもとは違う言葉でデザインコンセプトをまとめていったと、古賀さんはいう。

「こんな感じだと子どもたちは嬉しいし、積極的になれるよね、という話をしていくなかで、5つの"こんな感じ"にまとまっていきました。[よごしていい感][自分でつくれそう感][組みかえられる感][枠にはまらない感][みんなでセッション感]です。どれもデザインコンセプトの表現なのですが、こんなストレートな口語表現でデザインを進めるのは、私たちにとって新しい試みでした」

　実際、これらのデザインコンセプトは、館内の至るところで活かされていると山口さんはいう。

「子どもたちに、大きなレジャーシートの上で好きに絵を描いていいよ、といっても、新品のきれいすぎるシートだとちょっと気おくれしてしまう。でも、最初からシートに絵の具がついていれば、気にせずに熱中できる。それと同じで、[よごしていい感]は、館内をきれいにしすぎないで、作業してもいい場所には、ちょっと使い込まれた感じの床にしたり、館内の什器は、なるべく身近なものを転用して[自分でつくれそう感]を出しています。それでつくったものをバラして、また別のものをつくれるようにしておくのが[組みかえられる感]ですね。展示品や什器類にはキャスターを付けて、移動して[組みかえられる感]を表現しています。

　実際には、そんなに動かされては困るので、安全上の意味でも固定してあるんですけど、ただ感覚として、動かしてもいいんだな、という空気感をつくることはすごく大事で、能動的な発想を促すためには、固定された空間じゃないほうがいい、自分でこの空間の環境を変えてもいいんだなっていう感じがあることが重要だといわれています」

アップサイクルで空間を組み立てる

　空間デザインのもうひとつの課題、AkeruEの新しい空間をアップサイクルで仕立てることについては、SDGsの観点から、パナソニックセンター東京の強い要望でもあった。同センターの蟬丸さんが説明する。

「2002年にセンターを開設した頃は、展示のリニューアルというと、新しいイメージを出したいということが大きくて、いったん全部壊して、全然違うイメージのものを新しくつくるという展開が多かったんです。でも、時代の流れとともに、それだけじゃないよねという考え方が出てきて、既存のものをいろいろと活かすんだけど、空間は生まれ変わらせたいみたいな、ちょっと無理なお願いをすることになりました」

　この要望を、ロフトワークも乃村工藝社も、プロジェクトメンバーはごく前向きに受け止めた。

「今あるものをできるだけ活かして、私たち自身もSDGsを体現しながら空間づくりをする。それが子どもたちにも感じてもらえたら、一緒に未来をつくる話ができるなと思っていました」

とロフトワークの越本さんがいえば、乃村工藝社の山口さんは、

「今までの展示改装の仕事では、前の空間と、どれだけイメージを変えられるのかだけをいわれてきました。ですから、わっ、このお題、初めて！　みたいな新鮮さがありました。古民家再生というような案件でもなければ、アップサイクルで空間デザインをすることは少なかったので、いいチャレンジになると思いました」という。

　空間デザインの作業に入ると、乃村工藝社チームは、館内をくまなく調べるところからスタートした。

「まずは全部リサーチして、これ使えるんじゃない？ っていうのをずっと見ていくんです。とにかく多く使えるように、使いみちを考えながらリストアップしていく。表で使われていたものを、裏で使っちゃうのはもったいないから、見えていたものは、そのまま見えるところへ、みたいなことも考えながら。

　パナソニックさんがお持ちの機材リストも貸していただいて、そこから使えそうな機材をピックアップしていきました。在庫一掃セールのようになっていましたね」（山口さん）

　一方で、資材を再利用するには、それなりの手間がかかる。AkeruEはスケルトン天井にすることにして、それまで天井板として使われていた金属ネットを、仕切り壁に転用

天井はスケルトン。右奥の仕切り壁は、RiSuPiaの天井板のネットを再利用

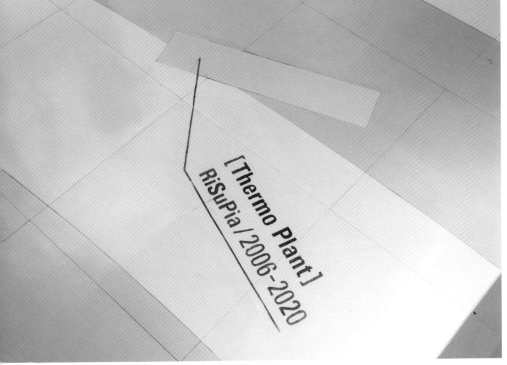

床に残るRiSuPiaの展示跡。RiSuPia時代からの来館者には、うれしい痕跡

した。しかし、取り外してみたら、端の部分が切りっぱなしになっていて危ない。手作業でひもを巻き付けて使えるようにしたこともある。

「現場は、何でも手をかけて済むんだったら、やったらいいじゃない、っていう感じでした」（山口さん）

床も、［よごしていい感］のコンセプトに従って、剝がさずに、そのまま使った。床の張り替えをしないことで、以前の展示の跡が残ったが、RiSuPiaの記憶として、床に展示名の表示を入れ、展示跡はそのままにした。

RiSuPiaの痕跡は、あえてほかにも残してある。展示品の上から下がる展示番号は、RiSuPiaからの通し番号。RiSuPiaファンに向けたアイデンティティの蓄積でもある。

「RiSuPiaの痕跡を何がなんでも残したいというわけではないのですが、せっかくの15年間の歴史を一気になくしちゃうのはおかしいし、何かは残したいよねという声が社内にはありました。そんな形で残すのってすてきだな！ と思える形になっていて、いい提案をいただきました」（蝉丸さん）

実際、AkeruE開館後に訪れたRiSuPiaファンが、床の表示に気付いて喜んでくれる場面もあったという。

アップサイクルを徹底した結果、使用した資材は大幅に減った。

「展示壁はほとんど立てていないし、床も張り替えなかった。什器や備品も、あるものを最大限に活用した。ですから、その効果は圧倒的で、通常のこの面積をつくる資材量からすると、抜群に少なくて済んでいます。もちろん、それに応じて廃棄物の量も少なくなっています」（山口さん）

"後ろめたくないデザイン"へ

2021年4月。AkeruEはオープンした。

AkeruEの先進的なコンセプトは、思い描いた通りに、子どもたちに受け入れられ始めていると、パナソニックセンター東京の蝉丸さんはいう。

「来館した子どもたちを見ていると、ちょっと難しそうな展示なのにすごく興味が湧いて、

ASTROスペースは、不思議な動きをする展示品ばかり。いくらでも見ていられる

子どもたちの作品。大人の意表を突くような発想が面白い

見た目がきれいで楽しそうだから、すぐに触ってみて、何でだろうって会話をしているんですね。ちょうどある先生を案内していた時で、その先生は、子どもたちって答えがなくても、みんな考えていくよね、大人はつい答えを求めるけど、とおっしゃったんです。ここが科学の原理を学ぶための施設というよりは、何かきっかけをつくって、自分で考えて探究していくことにウエイトを置いていることを理解してくださったんです。

　出口で、子どもたちが付箋に感想を書いてくれていますけど、楽しかっただけではなくて、具体的に"リンゴの浮くのがなぜだろうと思った"とか、"今度来てもう一回試そうと思った"とか、そういったコメントがいっぱいあって、すごくいいなって思います。

　私たちがこの施設を運営しているのは、パナソニックが、ものと心がともに豊かな『理想の社会を』の実現に向けて、社会課題に正面から向き合って新しい価値を想像していく取組のひとつだと思っています。そして、創業者がいわれた"ものをつくる前にひとをつくる"という言葉をいい形で実践していきたい、次代を担う人財育成の支援で何か活動したい、と考えています」

　ロフトワークはAkeruEの運営も引き受け、開館後は30人ほどのクルーが交代で常駐している。越本さんは、実際に開館して、子どもが入るようになってから多くの発見が

あったという。

「COSMOSの作品づくりで、[地球を豊かにする生き物をつくろう]というテーマを出したことがあったんです。そういうお題に対して大人は真面目にSDGsを表現しようとしてくれるので、分かりやすく"水を節約できるペンギン"のように直球のアウトプットをすることがあります。

　でも、ある子どもがつくった作品は、ひたすら人の話を聞いてくれる犬のおじいちゃん。それって、ただ"うん、うん"っていうだけなんですけど、改めて人と人とのコミュニケーションの大切さを感じました。豊かさって本当はここなんだというのを改めて教えてくれる。大人はそれにウエルビーイングとか分かりやすい流行り言葉を付けちゃいますけど、それはやはり表層的な話で、子どもは本質を捉えていて、ちゃんと教えてくれるんです。そこから本当の未来が見えてくるなと思っています。この館内を見ていると、未来は明るい気がしてきますね」

　乃村工藝社チームは、このプロジェクトを終えてみて、時代の変わり目に立っている実感があると、山口さんはいう。

「空間のアップサイクルをしてください、とか、今までにない立ち位置のミュージアムをつくりたいんだといった大きな方針があったから、わりと動きやすくて、記憶としては、面白かったな、爽快だったなという感じです。

　一方で、リニューアル時は、とにかく全部新しい、見たことがない、みたいなことが求められることが当たり前の仕事を十数年やってきましたけど、ああ、これから違ってくるかもなっていう感覚があります。

　企業が求めるものも、たぶん違ってくるし、世の中も、完全リニューアルなんてもう求めないかもしれない。流行りの場所をつくるような仮設の案件ですと、どうしても消費的につくっちゃいますけど、今回このプロジェクトをやってみて、15年前の空間ってすごく丁寧につくられていたのが、裏側を開けて分かりました。

　だから、プロモーション系の空間だとしても、長く使ってもらえるようなベースをつくったりしていかなければならないと思ったりして、価値転換のきっかけになったプロジェクトでした。

　プロジェクトに参加した若手デザイナーからは、"後ろめたくないデザイン"という言葉

出口には子どもたちの感想が。画一的でない感想が多い

が出てきたんです。今回は新しい壁の量が少なかった、廃棄量も少なかった、そういうこともあって気持ちよかったんだという感じがして、すてきな表現だと思いました。

　乃村工藝社は空間をつくっている会社なので、今後は、私たちからクライアントに"後ろめたくないデザイン"を提案すべきなんだろうなと思います。完全リニューアルじゃなくて、うまいこと活かしていきましょうよと提案する。それを当たり前の文化にするのは、私たちの役目もあるんじゃないかなって、今、ちょっと思っています」

（2022年9月取材。記事中の肩書きは取材時のものです）

人々が憩い、語らい、仕事もできる 街路

日本有数のビジネス街を "人"中心の街へと変える

Marunouchi Street Park ———— 東京・千代田区

クルマが走り回る効率優先の街から、
人々がゆったりと歩き、楽しみ、集い、交流する等身大の街へ——
都市の価値を高める新しい考え方が、世界的に浸透している。
既存の街を、人が中心の街へと転換するには、
どんな問題があり、何をしなければいけないのか。
東京の真ん中で、壮大な社会実験が行われている。

自然に人が集まる街にしたい

東京・丸の内は、名実ともに日本を代表するビジネス街だ。整然と区画され、落ち着いた外観のビルが立ち並ぶエリアには、数多くの名門企業がオフィスを構える。

かつての丸の内は、オフィスだけの"働く街"のイメージが強かったが、2002年の丸ビル建て替えを皮切りに街は大きくさま変わりをした。再開発で次々とビルの建て替えが進むにつれて、ブランドショップや飲食店などの商業エリアが拡大。オフィスワーカーに加えて、ファミリー層や観光客などの街を訪れる人々が増加し、今では"大人が楽しめる街"としてにぎわっている。

ビルの間を南北に伸びる丸の内仲通りには、ショップやレストラン、三菱一号館美術館、路上アートなどが点在し、ケヤキ並木の通りは、オフィスワーカーや来街者にとって恰好の散策空間だ。毎年、冬のイルミネーションには、遠くからも多くの人が訪れる。

そんな丸の内仲通りで、2022年8月、[Marunouchi Street Park 2022 Summer（丸の内ストリートパーク2022夏）]が開催された。丸の内仲通りを24時間、クルマを通行止めにし、歩行者の空間として開放する。通りには人工芝が敷かれたエリアや、大きなテーブルが置かれたエリア、親子で本が読めるエリアなどが出現し、訪れた人々は思い思いの場所でくつろぐ。沿道のレストランが設置したオープンエア席や、周辺のオフィスワーカーたちが利用するワーキングスペースもあって、"ストリートパーク"の名の通り、まさにビル街の真ん中に公園が出現したような光景だ。しかも、この"ストリートパーク"は、実に42日間もの長さにわたって開催された。

一見すると、丸の内エリアの夏休みイベントに思えるこの空間は、実は壮大な社会実験の場として設定されたもの。将来に向けて丸の内仲通りを、クルマのための道路ではなく、人を中心とした空間に転換できないか、その可能性を検証する実験の場だ。社会実験は、2019年から繰り返し行われていて、2022年夏ですでに6回を数える。

社会実験に至る最初のきっかけは、ランチタイムのクルマ通行止め、いわゆる歩行者天国の実施だった。

大手町・丸の内・有楽町（大丸有）地区で、さまざまな街づくり活動を行うNPO法人大丸有エリアマネジメント協会（通称：リガーレ）の田辺紀人さんが振り返る。

大丸有エリアマネジメント協会（リガーレ）
統括マネージャー
田辺紀人さん

ケヤキ並木が美しい丸の内仲通りは、ビル街の癒やし空間にもなっている

「昔の丸の内仲通りは、銀行や証券会社ばかりのビジネス街だったのですが、だんだんショップやレストランができてきて、もっと人でにぎわう場所にしていこうと、人が集まりやすい企画を始めました。以前は［ランチョンプロムナード］として、昼休みだけのクルマ通行止めでした。その後もっと人中心の空間になることを目指して延長拡大し、オープンカフェとして始まったのが2015年。2年間限定のお試しとして、［丸の内仲通りアーバンテラス］のモデル事業をスタートさせました」

　アーバンテラスは、平日11:00〜15:00、土日祝11:00〜17:00の時間帯に、丸の内仲通りを歩行者専用道路にするという試み。その時間帯の車道部分には、誰もが憩えるように椅子やテーブルが置かれ、ミュージシャンの演奏やダンスのパフォーマンス、キッチンカーなど、さまざまなイベントが催される。モデル事業は、2015年7月末から2017年3月末まで実施され、2017年4月からは、引き続き［丸の内仲通りアーバンテラス］として本稼働を開始。現在に至るまで続いている。

　本稼働での運営を続ける一方で、リガーレのスタッフには別の思いが浮上してきたと、同じくリガーレの中嶋美年子さんはいう。

大丸有 エリアマネジメント協会（リガーレ）
中嶋美年子さん

「アーバンテラスの運営だけではなくて、いろいろなイベントを企画しました。就業者向けのラジオ体操、綱引き大会、マラソンイベント、等々、とにかくいろいろとやりました。そしてやるたびに、今回は何人来ましたとか、企業何社から人が参加したからイベントは成功だったとか、どちらかというと成功の指標は集客人数だったのです。

　でも、やはり公共空間、屋外空間を活用していくなかで、客寄せというか、人集めというよりは、意識的に集めなくても自然に使ってもらったり、ゆっくり滞在してもらったり、何かあそこに行ってみようっていうふうに過ごしてもらう仕掛けはないかなと、考えるようになりました。

　ちょうど2019年5月に、海外のエリアマネジメントを担当している方々の国際会議が日本でありまして、その方々に日本の、しかも東京での公共空間の活用を見せたいよね、

ということになりました。それで、初日は綱引きなどをやって、企業対抗のコミュニティ構築のためのイベントを見せて、次の日は、前日に綱引きをやっていた丸の内仲通りが一夜にして芝生に変わり、ピクニックができる空間になる。公共空間の新しい活用方法として、日本もこれだけのことができるんです、というつもりでやりました」

パンドラの箱が開いた!?

　その時の会期は5日間。丸の内仲通りの車道には全長100メートルの天然芝が敷かれ、ピアノやブランコ、ホテルのキッチンカーも配置。ライブ演奏が行われ、平日は約28万人のオフィスワーカーが行き来する通りに、公園のようなピクニック体験ができる空間が出現した。

　しかし、その実現には、想像をはるかに超えた数々のハードルがあった。そもそも、丸の内仲通りは千代田区の区道だ。公道を延べ5日間100時間にわたりクルマを通行止めにすることについて、行政の理解を得ることが最大の難関だった。

「昼間はイベントで通行止めにするのは分かるけれど、それなら夜はクルマを通してくださいと、警察からは指導がありました。当然の理屈ですよね。でも、芝生を敷いたらクルマは通せない。区のほうからは、芝生の上でクルマが滑ったらどうするの、といった心配まで出てきて、次から次へとハードルが現れる感じでした。それで、ひとつずつ調べて、説明をして、協力をお願いして、駄目出しされても、また繰り返しやる。それをひたすら続けました」（田辺さん）

　そんな作業を続けるうちに、少しずつ行政側が理解を示してくれるようになったと中嶋さんはいう。

「私たちがあまりにも根気強いので、どうやったらできるのか、警察も一緒に考えてくれるようになりました。それで、イベントをやっています、芝生を敷いて公園をつくります、というだけではなくて、その期間は丸の内仲通りが公園になる日、そういう設定にしたら24時間連続で止められるのではないかと、ヒントが出てきたんです。いきなりこの企画を仕掛けたのではなくて、それまで、さまざまなイベントのために区や警察と擦り合わせをして

［MSP2019］最初は国際会議に合わせて開催された（写真提供：リガーレ）

きましたから、信頼関係の蓄積が大きかったのだと思います」

　こうして、［Marunouchi Street Park］の第1回が開催された。5日間の来場者は10万人。それは、リガーレの中嶋さんたちにとって、驚きの数字だった。

「リラックスできる空間をつくっただけで、集客のための宣伝もしていないのにすごく人が来ちゃったんです。“あれっ? なに、なに、芝生？”とか“えっ、公園なの？”みたいな感じで自然に人がやってくる。みんな、びっくりしたんだと思います。

　それで、パンドラの箱を開けちゃったなと思いました（笑）。というのも、私たちの先輩方が丸の内再構築としてまちづくりを進めていくなか、丸の内仲通りをアスファルト舗装から石畳に変えていき、広場になったら素敵だね という、漠然とした思いというか、淡い期待のようなものを持っていたんですね。ビルとビルの間にある道路の用途として、日比谷通りなどの大きな幹線道路とは違った役割があってもいいんじゃないかって。

　それが、5日間限定とはいえ、実際に広場になった景色を見てしまった。しかも、国や自治体のレベルで、ウォーカブルな街づくりといった構想が語られ始めてもいました。まだ、丸の内仲通りを人が中心の街にするとは全然決まっていないですし、いつなるかも、実際ならないかもしれない。分からないですけど、［Marunouchi Street Park］は、先進

［MSP2020］社会実験として開催。ここで仕事をする姿が目立った（写真提供：リガーレ）

的な取り組みの事例として全国から注目を浴びてしまったんです」

　もともとは国際会議に向けたイベントとして開催された［Marunouchi Street Park］だったが、街の人々の反応に意を強くしたリガーレは、引き続き開催していくことを決める。それも一過性のイベントとしてではなく、将来、人が中心の街にするには、どんな課題があって、どんな解決策があり得るのか、ひとつずつ検証していく社会実験の場として開催することにした。

　第2回の［Marunouchi Street Park］は、翌2020年8月に、42日間にわたって開催された。新型コロナウイルスが蔓延していた時期であり、開催についての迷いもあったが、「安全な屋外空間で過ごせる場所を創出する」（中嶋さん）という趣旨で開催に踏み切る。沿道のレストランに依頼して、屋外の客席を設けてもらったり、お弁当を食べたりできるスペースを用意。周りのオフィスビルから出てきて仕事ができるように、ワークスペースも設置した。

「周りのオフィスからパソコンを抱えて、仕事をしに出てくる方がけっこういらっしゃいました。一部のワーカーに実験にご協力いただき、心拍計などを着けてもらい、屋外での仕事がどう影響するのか、いろいろな測定を行いました。結果として屋内と同じように仕

事ができるということが判明。アンケートでは、打ち合わせがスムーズにできたとか、気分転換になりましたといった肯定的な意見が目立ちました。またコロナの影響で店舗の売り上げが落ちているなかで、沿道の店舗は売り上げが増えるという数字上の効果もありました」（田辺さん）

　各種の測定には大学の研究室などが協力。意外なことも見えてきた。
「車道部分に芝生のあるときと、ないときを比較すると、芝生がある時期は中央の車道部分を歩きますが、芝生がなくなると両側の歩道部分を歩くんです。芝生が人を引き寄せるんですよね。それに、芝生がある部分のほうが歩く速度がゆっくりになる。そういったデータもGPS計測で取れました」（中嶋さん）

デザインで風をコントロールする

　さらに翌2021年は、春、夏、冬の3回が実施される。毎回、項目を変えて実証データを取る一方で、四季を通じて、いかに人々がくつろげる空間にするのか、"公園"としてのつくり込みは、どんどんバージョンアップしていった。
「例えば、芝生だけだとぬかるんで歩きにくいという意見が上がってきたので、真ん中にウッドデッキみたいな小道をつくりました。芝生の敷き方そのものも、水はけを考えて、少しバージョンアップしたりとか、そういったベースのところは少しずつ変えていきました。もちろん、上物はどんどん進化して、第1回の2019年とは、まったく違うものになってきていました」（田辺さん）

　2021年夏。第4回の［Marunouchi Street Park 2021 Summer］からは、乃村工藝社が参加。同社エグゼクティブクリエイティブディレクターの鈴木恵千代さんが、デザイン全体を手掛けることになった。鈴木さんは、デザイン的に評価が高い数々の空間のつくり手として知られ、一般社団法人日本空間デザイン

乃村工藝社・クリエイティブ本部
エグゼクティブクリエイティブディレクター
鈴木恵千代さん

協会の会長も務める。その鈴木さんは、リガーレがやりたいことの多さに驚いたという。

「デザインコンペを経て参加したのですが、リガーレさんとしては、過去3回の経験と蓄積があって、おやりになりたいことが山のようにあったんですね。それが細かな仕様書というか、オリエンテーションの内容に入っていましたから、コンペで差がつくのかなと思ったくらい（笑）。なので、やりたいことをどう解釈するかということと、デザインのほかにプランニングもありましたので、たくさんあるやりたいことを、どういうまとめ方にするかというところに主眼を置きました」

　鈴木さんは、最初は、リガーレの意表を突くような要望にびっくりしながらも、徐々にその意図を理解するようになったという。

「強烈な印象があるのは、最初に、まるで部屋の中にいるような屋外の空間をつくってくださいといわれたことですね。だったら部屋の中にいればいいのに、何を考えているんだろうって（笑）、そう思いました。外につくるものが、オフィスの中でくつろいでいるような空間になれば、みんなもっと外に出てくるだろうという意図だったんですけど、最初、僕らにはあんまりピンとこなかった。でも、やっているうちに、オフィスでずっと働いている方々に、オフィスの延長空間として屋外の仕事スペースを提供したいんだということが見えてくる。

　雑草を入れたいという話が出てきた時も、最初は、そもそも雑草を入れても、すぐに踏みつぶされて駄目になるんじゃないのとか、雑草を入れるのはそれなりに大変だから、どうしたものかと思いました。でも、やはり芝にプラス雑草があることで、明らかに芝だけよりも空間デザインとしてのバージョンが上がるし、室内と比べるとはるかにバージョンが上がってくる。最初は無理難題のように思えても、真面目に受け止めてつくり込んでいくと、最終的に出来上がったものは、"あれ、ちょっと面白いことになっているな"という場面が、いくつもありました」

　その雑草について、出来上がったものは、最初にリガーレが想定したレベルをはるかに超えていたと田辺さんはいう。

「2019年からずっと芝でやってきて、将来的にも続くとなったときに、本当に芝でいいのかという疑問が出てきたんです。こういう環境では、雑草みたいな緑のほうが耐性があるかもしれないし、メンテナンス面で有用かもしれない。それで実験の意味で、雑草を

［MSP2021夏］リラックスできるよう、リゾート感を演出した空間を配置

©Bunpei Kimura

［MSP2021夏］雑草を使ったワークスペース。風対策のアクリル板も

©Bunpei Kimura

［MSP2021夏］24時間開放しているため、日が暮れてから卓球に興じる人も

©Bunpei Kimura

　お題に入れたんですけど、乃村工藝社さんのすごいところは、単なる実験では終わらなくて、雑草を使って見事なワークスペースをつくり、空間の価値をとても膨らませてくれたんです。そのデザイン力は、さすがだなって思いました」

　屋外空間だけに、屋内とは違って考慮すべき要素が、デザインにも求められた。その大きなもののひとつが、2021年夏の実証項目にあった風対策だと鈴木さんはいう。「丸の内仲通りでは、場所によって風の強さが違っていて、信じられないような風が吹く場所もある。ごく狭い局地的な気候があるんですね。風対策をどうできるかで、空間の快適さが違いますし、特にワークスペースは風が強いと役に立たない。風に対するデザインを真面目にやることで、すごく人が外に出てきてくれて、滞留するようになりました。

　特にワークプレイスは、透明なアクリルで風を遮ったり、風の流れが少し変わるようなパーテーションを工夫して配置したりしました。その上で、テーブルやスペースそのもののデザインを、仕事をしている雰囲気になるように仕上げました。リラックススペースに置いた黄色いテーブルと椅子だと、見た目に仕事をしている感じにはならないから、ワーカーたちが嫌がると思ったんです。

　そうしたら、ワーカーたちが予想以上にたくさん来てくれました。利用者に聞いてみると、

"居心地がいい"とか"人の往来があっても集中できる"といった反応が返ってくる。それまでも、屋外でのワークプレイスを実験した例はありましたが、実際の利用者から直接感想を聞かされると、"あ、そうなんだ"という納得感がありましたね」

　乃村工藝社チームのプランナーとして参加した齊藤佑輔さんは、全部で3つあるブロックの特色付けやプロモーションを担当した。

「リガーレさんから与えられた全体テーマが"つながろう、夏のストリート"で、文化、地域、人とのつながりを重視するというコンセプトでした。それで、来街者がちょっと寄って卓球などの運動ができる＜Sports & Relax＞エリア、食事をしながらアーティストの創作活動が見られる＜Enjoy Eating Out＞エリア、そして、ワークスペースとして＜PARKcation＞エリアの3つを設定しました。ワークスペースには、雑草を入れた"草原のワークプレイス"、沖縄の珊瑚砂を使った"浜辺のワークプレイス"を用意して、リゾート感を演出しました」

　＜Enjoy Eating Out＞エリアで創作するアーティストは2人。その場で、さまざまなものに絵を描いていった。

「通常のイベントでは、オープンの日が完成形です。でも、アーティストさんが描いていくことで、日々、変化していく。それは、とても新鮮でした」（中嶋さん）

　デザインやプロモーションだけではない。実際の制作において、どれだけSDGsが実現できるかも、乃村工藝社チームへの課題だった。

「リガーレさんからの要望で、リユースとか、リサイクルとか、環境配慮は絶対にやらなければなりませんでした。ここで使った素材が、その後どう使われるかまで、考えてくださいというんですね。それで、例えば、東京の多摩産材を持ってきて、ここで使った後は、もう一度山に戻せる、そういうリースの材料を使ったり、一番ローコストで、その後は流用もできるような板材を使ったりしました。アートの場所で使った板材は、今はリガーレさんのオフィスでテーブルになっています」（鈴木さん）

乃村工藝社・クリエイティブ本部
コンテンツ・インテグレーションセンター
コミュニケーション・プロデュース部 プランナー
齊藤佑輔さん

路上で火を焚き、建物を建てる

そして2021年12月。初めての冬季実施となる［Marunouchi Street Park 2021 Winter］が開催された。リガーレが設定したコンセプトは、「すごそう、冬のストリート」だった。冬のストリートで過ごすために、チャレンジしなければならない実証テーマはたくさんあったと、リガーレの田辺さんはいう。

「以前から、冬はイベントの開催がすごく大変なのです。当然、寒くて人が出てこないし、滞留もしない。でも、ストリートパークでは恒常的な公園のような空間をつくりたいという思いがあるので、冬はやめますということはあり得ません。じゃあ、冬も快適に過ごすにはどうしたらいいのか、考えることが多くて本当に大変な回でした」

それだけに、コンペの要件も、夏からはがらりと変わった難しいものになったと、リガーレの中嶋さんが説明する。

「暖の取り方を要件書に入れて、本物の火も使ってください、もちろんパラソルヒーターとか、そういうのも含めて暖の取り方を考えてくださいとか。あるいは、エリアでクリスマスイルミネーションが行われていて、ビル内の装飾はハリーポッターがテーマでしたので、そういったテーマに沿った形で、ハリーポッターに寄せる必要はありませんけど、一貫性のあるような形でお願いします、といった要件を入れました。

それに、仮設建築物を路上に建てたいというのがあって、トライをしたいから、行政と協議するためのプラン──どれぐらいの大きさで、何のために、どういうふうに使うかのプランまで出してもらいました。とにかく、やったことがないことを実験するというのがストリートパークのミッションですから、路上に何かを置いたりとか、芝生を敷いたり、什器を設置したりはすでにやりましたので、もうちょっと道路空間活用の階層的な活用事例をつくりたかったんです。ですから、心のなかでは絶対に2階建てプランを提案してくださいと思っていました」

要件をどう形にしていくのか。乃村工藝社チームはブレストを重ねていく。そのなかから、メンバーの間にひとつのイメージが浮かんできたとプランナーの齊藤さんはいう。

「"すごそう、冬のストリート"というテーマをいただいて、火のある暖炉とか、パラソルヒーターとか、そういう身体的に温かくなるものはもちろん入れましょうと。さらに、冬の丸の内仲町通りには、イルミネーションという強力なコンテンツがある。そこで誰かと過ごす時に、友達とか、パートナーとか、家族、同僚とでもいいですけど、心も温まるような通りに

　　　　　［MSP2021冬］フェイク炎の郵便ポスト。実際に手紙が投函できる　©Bunpei Kimura

［MSP2021冬］本物の炎を囲んで、みんなで温かく座れるベンチ

©Bunpei Kimura

［MSP2021冬］大きなチェス盤。来街者が参加できる遊びのアイテム

©Bunpei Kimura

できると、よりハッピーになるんじゃないかなと。

　なので、"心も体も温まる"みたいなキーワードをちょっと大きく持ち上げて、どうデザインに落とし込んでいこうかとブレストを続けていくうちに、なにか家っぽいと会話が弾むよねとか、友達を家に招いた時って気軽に話せるね、といった議論になって、出てきたアイデアが会場全体を家に見立てること。心も体も温まる不思議（＝Wonder）なお家に3つのゾーン、食事ができるダイニングの＜Wonder Dining!＞、ピアノ演奏やパフォーマンスが行われるラウンジの＜Wonder Lounge!＞、"光の回廊"やアート制作など、写真映えする空間の＜Wonder Terrace!＞という構成をご提案しました」

　乃村工藝社チームの鈴木さんが続ける。

「要件では、火を使いたいとあって、普通は、路上で直火を焚くことはできないから、火を焚く方法を考えました。でも、それだけでは温かくないので、特殊なカーボンのヒーターを付けたり、フェイクな炎を反射させて見た目に温かい気持ちにさせたり、クリスマスのシーズンなので、誰かに手紙を書いて出すためのポストをつくったり、そういうことを織り交ぜて提案していきました」

　懸案の仮設建築物については、

「後で再利用できること、一晩ないし二晩で建てられること、仮設建築物申請の際には構造計算がある程度できている必要があることなどから、ユニットハウスを候補に挙げました。イルミネーションを楽しめるよう、2階のレベルまで人を上げて、新たなストリートの表情を見せられるような建築物ですね」（鈴木さん）

来た人みんなが幸せそう

　コンペでは、乃村工藝社のプランが採用になった。実際の会場は、透明な「グラスハウスレストラン」、ツリーハンモックの「鳥の巣ツリーハウス」、炎を囲んで暖を取る「ファイヤーピット」、来街者が自由に演奏できる「ストリートピアノ」、燃え盛る疑似炎の投函口にクリスマスカードを入れる「炎のポスト」、ミラーを敷き詰めてイルミネーションを増幅する「光の回廊」、屋外にいても暖かい「ホットベンチ」等々。冬の丸の内仲通りを華や

［MSP2021冬］来街者がいちばん多く集まった「光の回廊」 ©Bunpei Kimura

［MSP2021冬］仮設建築2階のデッキ。イルミネーションとの距離が近い

©Bunpei Kimura

かに彩る仕掛けで埋め尽くされた。

　なかでも特等席は、仮設建築物を利用したインフォメーションセンターの2階。樹々に張り巡らされたイルミネーションを間近に見られるオープンデッキから、人々で賑わう会場が一望できる。

「路上に建築物をつくるというのは、今までほとんどやられたことがないから、仮設建築物申請と景観条例と、それから建築確認申請の3つを同時進行で出して、それでリガーレさんが頑張って、いろいろな所と折衝して、設営にこぎ着けました。前例はなくても、やってみればできるんだと思いましたね」（鈴木さん）

　この冬の回で、初めて乃村工藝社が盛り込んだコンテンツに、「目の不自由な方のためのMSPイルミネーションツアー」がある。ボランティアの介助者が同行することで、目の不自由な人たちにも、冬のストリートパークを楽しんでもらおうという企画だ。このプランが生まれたのは、前回の夏の反省があったからだと鈴木さんはいう。

「夏の時に、うちの設計ミスというか、本当に気が付かなかったんですけど、横断歩道の点字ブロックを芝生で隠していた箇所があったのです。目の不自由な方が点字を頼りに歩いてきて、いきなり芝生になると、すごく不安になって進めなくなる。その時は、運

営チームの報告で発覚して、応急的な対応策を取りましたけど、失敗の経験として課題が残りました。

　そもそもストリートパークは、車道を一般の人が歩けるようにする空間なので、目の不自由な方は来られないんです。普段の歩道じゃないから。そこを歩いてもらう工夫を、デザイン的、あるいは物理的にやろうと考えてもどうしてもできない。やはり人の手を借りなきゃいけない。この街の人たちが手を貸してくれればできるよね、というところから、人が介在したツアーを組んで、目の不自由な方にも楽しんでいただくことにしました。ストリートパークが、初めて、誰もが集える場所になるのはいいねと、"心も体も温まる"というキーワードに関連してこの提案を入れました」

　特に大きなトラブルもなく、初めての冬季開催は無事に乗り切った。リガーレの中嶋さんは、冬ならではの来街者の表情が印象的だったという。
「なんか驚くほどみんなが幸せそうな顔だったんです。来た人の全員がね。フェイクの炎を水蒸気に投影して本物に見えるような炎があったんですけど、みなさん手をかざして"アチッ！"って（笑）。ストリートパークの空間が心理的に温かくしていたんですね」

"普通"がいちばん難しい

　そして2022年8月。6回目となる［Marunouchi Street Park 2022 Summer］では、また新しい視点での検証が行われた。リガーレが設定したコンセプトは、「みんなのMarunouchi Street Park」。どんな人でも自然体で日常的に利用できる空間をつくろうというものだ。ストリートパークのプロジェクトにこの回から参加したリガーレの内藤加奈子さんが狙いを語る。
「今回のコンセプトを議論するなかで、ここまでバージョンアップしてきたけれど、知見もかなり蓄積されたので、いったん振り返って、手のかかりすぎない

大丸有エリアマネジメント協会（リガーレ）
事務局次長
内藤加奈子さん

[MSP2022夏] 体の不自由な人も楽しめるよう、工夫が凝らされた

空間にしてみようということになりました。設置したものをどんな人が利用して、遊びに来た人が自分たちでどう考えて使って、どんなアクティビティーが起きて、どういうコミュニケーションが偶発するかということをテーマに、しつらえを考えていきましょうということです」

そのために、関係者の間で共有されたキーワードは"普通"。

「長い目で考えた時に、普通じゃないと将来への継続性を確保できないんです。例えば、24時間、誰かが警備しなくてはいけない空間では、恒常的に続けていくことは難しい。体の不自由な方も含めて、誰もが自然に使える空間にしよう。盛り上げるのではなくて、手のかかりすぎない、バランスの取れた空間にしてみようと今回は決めました」（内藤さん）

コンセプトを受けた乃村工藝社チームは、"普通"を形にすることにかなり苦心したと鈴木さんはいう。

「なんだよ、普通って。いつも普通じゃないものをつくるのが乃村工藝社なのに、普通にしてくれって（笑）。最初はそう思いました。実際は普通にしてほしいということが、いちばんハードルが高いんです。普通の公園というのは、あんまり普通じゃないんですよ。公開空地も公園も、そういう場所は意外に普通じゃないってことは、普通の中身を突き詰

[MSP2022夏] デザインテーマは"普通"。人々が自然体でくつろぐ

［MSP2022夏］誰でも自由に弾けるストリートピアノ

［MSP2022夏］本の読み聞かせコーナー。子供と一緒に楽しめる

めていくとよく分かるんです。

　"みんなの"というコンセプトでつくっていって、やっと少し普通の入り口にたどり着いたみたいな感じで。これじゃあなぁとか、こんなものつくったってしょうがないなって、その繰り返しでした。最後のほうで、ようやくやりたいことが見えてきて、結構じたばたしましたけど、おかげで普通ということがよく分かりました。今回で、普通の空間デザインのノウハウが相当たまりましたね（笑）」

　その結果、前回の冬とは全く違う、派手さはないけれど、利用しやすく居心地いい空間が出現した。そして今回の空間にも、リガーレとしてはとても満足していると中嶋さんはいう。

「シンプルで自然な感じのピクニックエリアでは、みなさん本当に自由に羽を伸ばしていて、目的がない人も何となく座って楽しそうにしているんです。赤ちゃんがごろんと芝生の上に寝転がっていたりとか、その横であやしているお母さんがお友達とおしゃべりして、ちょっと充実した時間を過ごしているのを目にしたり。それから、車椅子の方がいらして、冷たい飲み物を飲んでおしゃべりして、ストリートピアノのそばでくつろいでいるのを見たりすると、日常の空間として、ごく自然に利用していただけているんだなあと。

　まさに今回がそうなのですけれど、あくまでもイベントではなくて、将来ここが交通規制をされて広場になることを目指す実験なので、毎年これに費用ばかりかけていたら回らなくなります。しかし、運営をあまり手数がかからないようにすると、諦めなきゃいけないことがたくさん出てくる。でも、乃村工藝社のみなさんは、ストリートパークに期待される本質から理解してくださっていて、じゃあ、どういった空間であれば多様な人に愛され、使ってもらえ、なおかつ見映えもするのか、一緒に考えて提案してくださる。こちらの思いをかみ砕いて、形にしてくださるんですね」

　2019年以来、実証実験を重ねてきたストリートパークだが、恒常的な設置にこぎ着けるには、まだ道半ばだとリガーレの田辺さんはいう。

「まだまだ安全管理などの課題が残っていますし、行政や近隣の方々との合意形成が必要です。ストリートパークは、何よりもエリアの価値を上げることが目的ですけれど、エリア全体で見れば、その考え方はまだ浸透し切れていない。そこだけでも、もう少し時間がかかるかなという気がします」

［MSP2022夏］6回目を迎え、街の風景としてすっかり定着した

　　乃村工藝社の鈴木さんは、このプロジェクトの将来に大きな可能性を感じているという。

「ストリートパークは、空間デザインとしても、都市計画としても、最も新しく、最先端のことをやっているんです。丸の内仲通りで上を見上げれば分かりますが、二十数メートル離れているビルとビルとの間にあって、内側に木があって、車道がある。こんな構造は日本でほかにありませんし、海外でもこのサイズ感のものは見当たらない。その空間で、2019年から、健康的な暮らしだとか、いい仕事環境だとか、人間を中心にした街づくりにチャレンジしている。それは日本中のほかの都市にとっても、都市の未来に向けた、とても大きな意味があるプロジェクトだと思いますね」

（2022年8月取材。記事の肩書きは取材時のものです）

「あのガンダム、立てといて」
そのひと言からすべては始まった

ガンダム立像プロジェクト ─────── 東京／横浜／上海／福岡

東京・お台場、横浜、中国・上海、福岡と、次々に登場する実物大のガンダム立像。
空に向かって屹立する巨大なその姿は、子どもたちだけでなく、
大人たちをも魅了せずにはおかない。
このダイナミックなガンダム立像プロジェクトは、いかにして発想され、
どのようにつくり込まれていったのか。
前半では、プロジェクトの総指揮を執った
バンダイナムコエンターテインメント社長の宮河恭夫さんに、
後半では当初から立像プロジェクトにかかわってきた
乃村工藝社の制作チームのみなさんにお話をうかがった。

インタビュー

バンダイナムコエンターテインメント代表取締役社長・宮河恭夫さん

発想は、1分の1のプラモデル

——そもそも、宮河さんとガンダムとの付き合いは、いつから始まったのでしょうか。

　僕は、1981年にバンダイに入社しました。入社まで、バンダイという玩具会社がプラモデルをつくっていることを知らなかったのですが、配属は模型の営業だったんです。

　ちょうどその頃です、ガンプラ（ガンダムのプラモデル）が、ぽーんと売れ始めたのは。信じられないぐらい売れていて、でも僕はガンダムを全く知らなくて、「ガンダムのアニメって知ってる？」「知らないよ、そんなもの」みたいな状態でした。それで、会社では2カ月ぐらいガンダムとかアニメの話はしないでいて、家で勉強をして、2カ月後には、ガンダムのことは任せてくださいよ、みたいな感じになっていました。

　そういう時代を3年ぐらい過ごして、玩具の開発部門に移りました。セーラームーンの商品化や、ドラゴンボールのタイトルを手掛けたりして、どれも大ヒット。調子に乗って、ゲーム機の開発に手を出して、会社に大損をさせたりもしましたね（笑）。

　それで、しばらくはニューヨークやロサンゼルスで身を隠すようにしていたんですけど、会社から「サンライズへ行きなさい」っていわれて、そこからは映像のプロデューサーになりました。そこでまた、ガンダムと再会したんです。

——ガンダムの立像を発想されたのには、どんな経緯があったのでしょうか。

　僕はフィルムメーカーの人間になったんだけど、血の半分が立体物の玩具屋さんで、もう半分の血がフィルムという、非常に珍しい人間なんです。

　それで、サンライズで仕事をしていて、ガンダム30周年に何かやらなきゃと思って、ずっと考えていたわけです。普通にフィルムメーカーの出身者だったら、だいたい記念映画をつくりますよね。でも、僕は、半分は玩具屋さんなので、いろいろすごく迷ったんです。本当に。それである時に、ああそうだ、1分の1だと。かつてガンプラを担当していて、あれは144分の1とか、100分の1とか、60分の1とか、そういう縮尺なんですけど、1分の1をつくったら面白いんじゃないかなと思って。

ガンプラの発売は1980年7月。スケールモデルとして子どもから大人までを魅了した

——ちょうどその頃、山梨県の富士急ハイランドで、横たわった実物大ガンダムのアトラクション「ガンダムクライシス」が開催されていましたね。2007年の夏でした。

　乃村工藝社という会社が、富士急ハイランドに寝ているガンダムをつくったって聞いたんです。僕はこのプロジェクトにはタッチしていなかったんだけど、これだと思って見に行ったんです。そうしたら、すごくディテールがよかった。18メートルの像でこんなにディテールがいいんだったら、これは堪えられるなと思った。普通は、立体物を大きくすると間延びするんです。でもこれを見た時に、間延びしてなくてすごいなと。

　たまたま、その翌日に、僕の部下が乃村工藝社の担当者である川原正毅さんと食事の約束をしているというから、「あのガンダム立たせといてよ」って伝言を頼んで、そこがスタートです。だって、寝ているのができたんだから、立てられると思うでしょ、普通は。

　それで、30周年の目玉にしようと思ったら、頭のなかにビジュアルが浮かびました。18メートルのガンダムが公園に立っていて、ちっちゃな女の子が足元にいて、足を触っている絵がぱっと浮かんだんです。それで、僕は乃村工藝社には「こういうふうにしといてね」、広告代理店には「森、探しておいて」、別の広告代理店には「立像の周りをちゃんとやっといてね」って、その3つだけを伝えてプロジェクトはスタートしました。

　それで、広告代理店が森を探し回って、候補がいくつか出てきた。18メートルってたいして大きくないから、ビルの一角に置いても目立たない。だけど、緑のなかとか、公園のなかだったら大きく見えるから、そこにすごくこだわりました。それで、候補のなかにお台場の潮風公園があって、現地を見に行って、「ああ、ここだ」っていった記憶がありますね。完成して公開する時に、新聞の全面広告を出しましたけど、緑のなかにガンダムがぽつんと立っていて、女の子が足元を触っているビジュアルにしました。

[東京] 2009年にお台場・潮風公園で公開された最初のガンダム立像

© 創通・サンライズ

「簡単に動くと考えてます?」

——お台場のガンダムは、2009年に公開されるとものすごい人気になりました。あれは予想されていましたか。

　あそこまでは予想してなかったです。ガンダムって、マイナーだったんですよ。でも、50日間で415万人が見に来た。多分8割の人が「ガンダムだ」って分かるけど、アニメでは見たことない人たちなんですよ。それがよかったと思っているんです。来場者が100人いたら、ガンダムのシャアって名前は知ってるけれど見たことはないみたいな、そんな人が80人ぐらいいたんじゃないかな。あれでガンダムが、本当のマイナーから、少しだけマイナーメジャーになりました。

　お台場のガンダムができたことで、今までガンダムのことを好きだと公言していなかった人たちが、ガンダム好きをいえるようになったんじゃないかな。そういうことがオープンになり始めた時期でもありましたね。

――ガンダムを立てるには、どんなことが大変でしたか。

　それはお金だね。お金を集めるのが僕の仕事ですから。会社の経営陣には懐疑的な声もありましたけど、バンダイの企業理念は「夢・クリエイション」ですから、それを盾にとって説得して（笑）。無料で公開しましたけれど、広告代理店が頑張ってくれて、会場にショップをたくさん並べたので、それで収支を合わせられました。

　もうひとつ、大変だったのは行政との調整でしたね。技術的な大変さは乃村工藝社に引き受けてもらっていたんですけれど、条例で工作物は10メートル以下にしなくてはいけない。それでいろいろと交渉しても、なかなかOKが出ない。乃村工藝社には、高さを10メートルに抑えたプランも考えてくれるよう頼んだこともありました。

　結局、東京都と組んで、"GREEN TOKYOガンダム プロジェクト"という、官民共催のイベントにすることで許可が下りたんです。

――期間終了後のガンダム立像は、期間限定で静岡に移されたり、その後、お台場には新しくユニコーンガンダム立像がつくられたりもしました。横浜の動くガンダムプロジェクトは、いつから構想し、スタートしたのでしょうか。

　横浜の動くガンダムを企画したのは、実は結構前なんです。30周年が終わってしばらくして、ユニコーンガンダム立像をつくったり、いろいろなことをバタバタやりながら、40周年に何かやらなきゃと思っていました。それで、立っているだけで415万人来るんだから、動いたら結構面白いかなと、今度は、「動かしてね」ってみなさんにお願いしたんです。

　でも、動かすためのプロジェクトはケタ違いに難しくて、途中で挫折しかけた時期もありました。みんながバラバラに技術を持ち寄っても、取りまとめる人がいなかったんですね。そうしたら日立建機のエンジニアだった石井啓範さんが、会社を辞めて、専任のテクニカルディレクターとして制作プロデュースを引き受けてくれたんです。それでプロジェクトが回るようになりました。結局、発想から実現まで6年かかりました。

　ガンダムをどう動かすかについては、僕自身もすごく悩みました。ガンダム単体で動かすのは難しくて、技術的には、どうしても背中を何かで支える"からくり人形"のように

なってしまう。動かすっていったのに、"からくり人形"かよって悩みました。

　それで、ロボット工学の専門家で早稲田大学の副総長でいらした橋本周司先生のところへ相談に行きました。18メートルのガンダムを動かしたいんですけれどっていったら、「あなた簡単に考えてます?」といわれて、でも、すごく乗ってくれたんです。その縁で、プロジェクトに大学の研究者たちが結構入ってくれたんです。

　学術系の人と一緒に仕事をしたことがなかったから、やってみて本当にびっくりしました。目からウロコだったんですけど、われわれコンシューマービジネスの人間って、完成品をつくって、見せたり売ったりしなきゃいけない。でも、学術系の人は違う。途中でも構わないからつくることに意義があるというんです。第1弾でつくってみて、ここ直したりあそこ直したりすればいいっていわれた時に、すごいなこの人たちって思いました。形があることを、そこからどんどん変化させていけば、それが技術の発展につながるっていうふうにいわれて、それ以来"からくり人形"が気にならなくなりました。

アムロの目線がほしい!

──結局、ドックタワーで支えるという形になりましたけど、ドックタワーの発想はどこから生まれたのでしょうか。

　僕はとにかく顔の横のところまでファンを行かせてねっていうのだけは、最初からリクエストしていました。お台場の18メートルガンダムの時に、たまたまクレーンに乗って顔の横まで行ったんですよ。その時に、顔の位置から見る風景は、すごいって思いました。ガンダムは胸のコックピットに乗るでしょ、本当は。でもカメラは頭の位置にあるから、アムロはきっとこの目線で見てるわけ。その目線で見るものを、どうしてもみんなに味わってほしかった。だから、ちゃんとその場所に行けるようにしてねっていうのは、最初からこだわっていました。それで、ホワイトベースの格納庫を再現したらどうかというアイデアから、ドックタワーの形ができていきました。

――完成した動くガンダムを見て、何か感慨はありましたか。

　よくできているって思いました、本当に。でも、ずっとやってきているから、立った時にはもう飽きているんです（笑）。もちろん、オープニングの日は嬉しいんですけど。オープニングをNHKがBSで生中継してくれて、司会が西川貴教さんで、LUNA SEAが歌って、それも嬉しかったですね。

――お台場、横浜の後、上海、福岡と実物大ガンダムは4体になりました。これからも増えていくのでしょうか。

　どうなんでしょうね。計画的に次はここにつくるということではなく、タイミングとか、誰と組むかとか、そういうことが重要だと思うので、積極的に次はここでみたいな感じでは、全く考えてないです。あちこちから、立像をつくってくださいという話は結構来ますけど、ガンダム立像は、それを維持することがすごく重要なんです。誰かが登ってケガしてしまったりとか、汚くなるとか、そういうことが一番嫌なんです。やはり、そこをちゃんと管理できる人たちとコミットできない限りはつくらないですよね。

――ここまで、5種のべ7回実物大ガンダムに携わってきた乃村工藝社の仕事をどう評価されますか。

　たいしたものだと思いますよ。よくつくれるよね。ガンダム立像って結構無駄なものじゃないですか。人の役に立つわけじゃないし。だけど、それを真剣につくれるっていうのはすごいことだし、一番重要だと思う。エンターテインメントってそういうことだから。本気になってやってくれるから、ありがたいなと。僕は本当に「立てといて」っていうだけなんだけど、それをちゃんとやってくれている。富野由悠季監督にも信頼されているし、うちのスタッフも信頼している。そこはすごいと思う。

　彼らから聞いて、なるほどと思ったのは、18メートルって戦闘機と一緒のサイズ感なんですね。F18とかF16と。その見え方を彼らは取り入れて、リアリティをつくり込んでいく。パーツ割のサイズとか、デカールのサイズとか、色分けとか、多分そういうことでしょう。ちゃんとリアルなものを参考にしたから、よりリアルに近づいたんじゃないかな。空想の世界だけじゃないから。われわれは空想の世界で生きているけど、乃村工藝社のチームは、それをどうリアルにするかっていう人たちだから。

──ガンダムを立たせて、動かして、次はどうされますか。

　ガンダムが面白いのは、ある意味、ひとつの素材に近いんですよね。自分はこんなガンダムをつくってみたいとか、こんなストーリーがいいなとか、キャラクターで素材になるものって意外にないんですよ。だから、メタバースで権利保全されている自由な権利空間をつくりたいんです。そのなかで、みんな勝手にガンダムで遊んでほしい。その姿勢がわれわれにあるから、まだまだ広がっていくと思います。

　それから、2025年の大阪・関西万博に出ます。バンダイナムコ館ではなく、ガンダムパビリオン（仮称）をつくります。世界中の人たちに見てもらって、ガンダムのすばらしさを伝えたい。ガンダムが生まれたのは四十数年前ですけど、当時の富野監督たちは、地球に環境破壊が起こって、宇宙に住むことになり、そこから人類に葛藤が生まれ、戦いが起こるという話を考えたわけです。地球が汚染されるという話をつくったんです。

　それをやっちゃいけないというメッセージを今度の万博に持っていきたいんです。そんな時代を君たちはつくりたいですか、もう少しちゃんとやりましょうよってね。ガンダムを素材にして、世界にそういうアピールができたらいいなと思います。

座談会

乃村工藝社・ガンダム立像プロジェクトチーム

クリエイティブディレクション　川原正毅さん
テクニカルディレクション　鈴木健司さん
テクニカルディレクション　坂上 守さん
営業・プロジェクトマネジメント　川嶋士雄人さん

「立てます!」っていっちゃったんです

川原　2005年にガンダムをテーマにした現代アート展があって、ガンダムとの関わりはそこからでしたね。会田誠さんとか現代美術のアーティストさんが、ガンダムをテーマにしたそれぞれの作品を制作されたんですが、作品には映像系とグラフィック系が多くて、立体物が少ない。途中で、アート展の冒頭に飾るにふさわしい迫力のあるオブジェをつくれないかと、われわれのほうに相談がきたんです。

　そこで提案したのが、ガンダムの最初の作品の最終回で主人公が乗ってる戦闘機、コア・ファイター。ラストシーンでは、コア・ファイターが宇宙空間の闇に回転しながら消えていく。そのシーンを再現した1分の1のコア・ファイターをつくったんです。それを結構なつくり込みでやったのが、多分サンライズさんのみなさんの記憶に残っていたんだと思います。

　その次は2007年に、富士急ハイランドさんの新しいアトラクションの企画をお手伝いすることになりました。屋内のアトラクションでしたので、横たわってるガンダムをメンテナンスしてる状況をつくろうということに。メンテナンスしてるガンダムの周りで集めた設計図を、最終的にインプットするとガンダムが起動するというゲームで、走り回って設計図を集めるんです。脱出ゲーム的な要素があって、クリアすると次のステージに行けるという展開です。そこで初めて、頭のてっぺんから足先まで18メートルの実物大ガンダムを

［横浜］整備デッキは、ガンダム起動時に開く演出。実際の整備にも使われる

クリエイティブ本部 コンテンツ・インテグレーションセンター
副センター長 エグゼクティブクリエイティブディレクター
川原正毅さん
中高生時代から富野由悠季監督のファン。
ガンダム以前から作品ウォッチャーだった。

つくりました。

鈴木 これが出来上がった時に、川原さんに「見に来ない?」って誘われて、僕は、仕事には直接関わっていなかったんですけど見に行きました。実際に見て、「いやあ、これはやっちゃいましたね」って思いました（笑）。ゲームをコンプリートすると、コックピットに乗れる特典があって、画面に主人公のアムロが出てくるんですけど、うれしくて「アムロに話し掛けられちゃった」って興奮する始末。素人みたいでした。仕事でこれができるのは、すごくうらやましかったですね。それからしばらくたって、「実は」って、潮風公園の話があって、仲間に入れてもらいました。

川原 富士急ハイランドに宮河さんが見に来られて、その翌日、食事の帰りに暗い夜道を歩きながら、部下の方から「あれ、立てたいっていうんだけど、立てられる?」って急に振られて、その場で、何の保証もなく、「立てます!」っていっちゃったんです。僕自身が、やりたかったんですね。まずは立てるようなチャレンジをしようと思いました。

鈴木 乃村工藝社的には、立てるためには何が重要かっていうと、やはり構造が重要なんです。社内に、いわゆる構造計算をしているチームがあって、からくり時計とか、5 ～ 6メートルあるような複雑な形状の大型構造物でもちゃんと構造計算をして、それを実現する。そのチームへの信頼があったので、川原さんは即答できたんじゃないかというのは、すごく感じていました。

お手本は、ジャンボ機の主翼

川原 その後、当然、デザインをどうしていくかという話になりました。やはり立像としてつくった時に、単に直立しているだけじゃなくて、何かしらのストーリー感とか、いかにも動きだしそうな感じとか、そういうことを考えなきゃならない。それで、巨大な彫刻として捉

福岡の ν ガンダム（ニュー・ガンダム）の模型。カラダが緩いS字を描いている

写真：吉澤健太

えることにして、彫刻としてのフォルムの美しさとか、人の立ち姿の美しさを出そうと。だから、初代のガンダムは2本脚で立っているんですけども、緩いS字を描いた脚にしてあります。下から真っすぐ垂直の棒で立っているわけではないんです。

　これがデッサンとしては美しい。棒立ちにすると固い感じになりますけれど、緩いS字を描くと、しなやかな感じになる。実際、人はそうやって立っているんですね。真っすぐな棒で立てないということなので、構造チーム泣かせだったと思います。

　後で富野監督と話をしたら、ガンダムは動くものなんだから、彫刻として捉えるよりは、動くロボットあるいは作業機械として考えるベクトルもあるんじゃないの、とアドバイスされました。確かにそうかなと思いましたけど、当時はそこまでの余裕がなくて。富野監督のアドバイスは、その後の横浜につながっていきました。

鈴木　僕はチームに参加して、「ちょっとでもいいから、どこか動かしたい」という話がありました。構造チームがちゃんと骨の計算をしているのも分かっていたので、最も構造に影響が少ないのは、一番上にある頭を上下左右に動かすことかな、メカも仕込みやすいし、ということで提案させてもらいました。

川原　いまは横浜でも福岡でも当たり前に入っているメカですけれど、当時は大変で

クリエイティブ本部 コンテンツ・インテグレーションセンター
テクニカル・ディレクション部 第2ルーム
テクニカルディレクター
鈴木健司さん

子どものころはモビルスーツのカッコよさ、
大人になってからは作品の社会性に惹かれる。

した。しかも、最初は左右の首振りだけだったのが、富野監督が上を向かせたいといいだして、上下の動きが追加になったんです。

鈴木 メカ自体の構造はそれほど大変じゃなかったんですけれど、造形物との干渉が課題でした。例えば上を向く時に、頭の後ろがちょっと尖っているので、襟にぶつかる。悩んで、軸の位置を変えると、上を向くのが不自然になる。結局、下からは見えない位置をえぐって、干渉しないようにしました。えぐったくぼみにメンテナンス用のハッチを作り、有効利用しましたが、顔が正面を向いた時にしか上を向けないという演出上の制約ができてしまいました。

川原 アニメのガンダムを、そのまま実物大につくると間延びして見えますので、デザイン的にいろいろな工夫をしました。スケール感とディテール感で最も参考にしたのは、当時飛んでいたボーイング747のスーパージャンボ。主翼のところに席を取って、ずっとその翼を観察するんです。何でかというと、片翼が長さ20メートルぐらいあって、翼の後ろからフラップが出る。着陸する時にフラップがものすごく伸びるんです。倍ぐらいの長さにばばばって伸びて、曲がって、ものすごく大きな動きをする。結構しなやかにたわみます。大きいものが動くってこういうことかと、見え方が参考になりました。

それに、大きなものって、やはり細かなパーツの集合体になっていて、よく見ると色が微妙に違ったりする。フラップと翼本体の色も微妙に違います。わざわざ昼と夕方の時間に2回乗って、太陽で見え方がどう変わるのか、確かめたりもしました。

その観察がガンダム立像に活かされています。白いところを見ていただくと分かるんですけれど、白のなかに、ライトグレー、ウォームグレー、クールグレー、ダークグレーと4色使っています。もともとのアニメの設定だと、こういう部分は白一色なんです。それを4色に塗り分けることによってディテール感を出して、リズムとか機能性を感じさせるようにしました。白い面が単調に並んでいたら、大きなガンプラですから。

［横浜］ガンダムのボディは、少しずつ色の違う数多くのパーツで構成されている

ファンの頭のなかのガンダムをデザイン

川原 全体のデザインをどうするかも悩みました。立像の計画の段階で、バンダイさんのガンプラは結構な数が出ていました。ガンプラが好きな人たちは、アニメのなかのガンダムのデザインとか動きを、おそらく脳内で変換しているんじゃないかなと考えました。そうするとディテール感は、やはりアニメからガンプラを経ているものが、何となくみんなのなかにあるんだろうなと。だから、ここに多分答えはあるんじゃないかなと思いました。

それでプロセスとしては、同じスケールのガンプラを集めて、そのパーツをつなぎ合わせたんです。手作業で切ったり貼ったりして。このあたりにみんながガンダムだと思う共通項や最大公約数があるんじゃないかなと思える、オリジナルのガンプラをつくりました。それをデザインに落とし込んで、キャラクターのデザイン画にしたり、CGもつくりました。最初の潮風公園のガンダムは、基本的にこの形なんです。

このデザインを富野監督にお見せしたら、「頭を大きくしろ」とおっしゃる。当初、僕がつくったものは、ちょっと小顔だったんです。ガンプラって割とみんな小顔なんですけども、「顔が小さい。歌舞伎役者は顔がでかく見えるだろ」と。

ガンダムの頭のデザインは、基本的によろい武者です。人の頭があって、兜を被り、兜の中に顔があると思ってデザインした方がいいんじゃないかと富野監督からいわれて、口当てとかそういったものを、それまでのガンプラよりは立体的にしました。結果、それが正解で、下から見上げるとパースペクティブで、顔が大きいほうがバランスよく見えたんです。

施工の過程では、海外でつくってもらったボディのFRPパネルが、輸送中に暑さでゆがんでしまったり、潮風公園は埋め立て地なので地盤が弱いんですが、50日間の期間限定なので、本格的なコンクリート基礎を打つわけにもいかず、構造チームが知恵を絞って置き基礎にして、摩擦杭で固定する方法を考え出したりと、初めてのプロジェクトなので、完成まで試行錯誤の連続でしたね。

鈴木 それで完成したら415万人という、予想もしなかった人出でビックリしました。お父さんに連れられた奥さんと子どもという家族連れが多くて、お父さんはやはり子ども時代にガンダムを見ていてテンションが上がっている。そのお子さんは、純粋に興奮して大騒ぎして、お母さんはちょっと引き気味なんだけれど、でも18メートルのガンダムはやっぱりすごいので喜んでくれている。見に来てくれた人たちが、みんなうれしそうな顔

横浜のドックタワーヘ上がるエレベーターの扉。こんなところにもこだわりが

をしていたのがすごく印象に残っています。

　乃村工藝社の仕事は、見てもらってなんぼっていうものが多いので、喜んでもらっている姿を見るのが一番。あの時は、「この仕事やっていてよかった」って、50日間、毎日思っていました。

川原　あまりの人気に、交通機関のゆりかもめが大混雑。乃村工藝社もお台場にあるので、通勤が大変だと、社内でだいぶ苦情をもらいましたね（笑）。

ガンダムは正座ができない!?

坂上　僕は、ガンダム立像プロジェクトには、お台場の2017年ユニコーンガンダムに関わって、その後の何年かは内装をやって、横浜の動くガンダムの施工段階でまた戻ってきました。川原さん、鈴木さんがガンダム世代だということは知っていましたから、動くガンダムをやると聞いた時は、ついに大人たちが自分たちの夢をかなえる、その時がきたと思いましたね。実際に、現場に立つのは僕ら世代なので、ちょっと期待と不安とを持ちながら、とりあえずやってやろうという感じでした。

川嶋　僕は、横浜の動くガンダムが実物大ガンダムプロジェクトの最初です。これだけ

クリエイティブ本部 コンテンツ・インテグレーションセンター
テクニカル・ディレクション部 第3ルーム
坂上 守さん
ガンプラ世代ど真ん中。お年玉で買い集めた。
初めて見たアニメは『ガンダムSEED』。

の大きさのものが立っていること自体が、構造などでかなりの苦労があるんだろうと思ってはいました。さらにそれを動かすとなると、どれだけの人の知識を結集させるんだろうかと、不安というか、「どうなるんだろうな」と思いながらの参加でした。

川原　まず、何のために動かすのか、そして、どういう動かし方をするのかという議論が必要でした。さすがに横浜の場合は、実物大のガンダムを動かすわけですから、乃村工藝社だけでは無理なんです。それで、バンダイナムコさんが、2014年に「ガンダムGLOBAL CHALLENGE」という有識者会議を

[東京] お台場で2017年から展示が開始されたユニコーンガンダム

©創通・サンライズ

［横浜］動かすために、膝の位置や足首の太さが、他の立像とは違っている

営業推進本部 第三事業部 営業1部 第1課
川嶋士雄人さん
ガンダムとは縁がなかったが、
2017年のお台場のユニコーンを見て興味を持った。

立ち上げて、広く世界中から知恵と技術とを募ることにしたんです。いわゆるオープンイノベーションですね。技術を持っている企業にも声を掛けました。そのメンバーのなかに、日立建機の石井啓範さんがいて、実際に重機の設計やデザインをやっていらして、動かすことに非常に長けている。その石井さんが会社を辞めて、専任のテクニカルディレクターを引き受けてくださり、ガンダムを動かすプログラムを統括するシステムディレクターをアスラテックの吉崎航さんが、クリエイティブディレクターを僕が担当することになりました。その体制が整うまでが結構大変だったです。

　それでチーム編成ができて、あらためて動かす意義や動かし方の議論が始まったんです。ただ、これだけの大きさのロボットを動かすチャレンジは、世界中で誰もやっていない。その実装にあたっていろいろとチャレンジすることが、答えは出ないかもしれないけど、きっと何かにつながっていくんじゃないか。ゴールがなくてもいいんだということを早稲田大学の橋本周司先生がおっしゃって、「ああ、そうなのか」と腹に落ちました。プロセスをオープンに見せることが、この先、エンジニアを目指す人たちにとってすごい刺激になったり、夢や希望になるだろう。それが大事なんじゃないかと。

鈴木　橋本先生がおっしゃったんですけれど、若者たちが夢を見なくなってきている。「夢を見ようよ」というのを大人たちが本気で考えて、夢の実現に取り組む。このプロジェクトの相談を受けた時に、そこに乗ったんだと。だから仕事のオファーを受けたんだとおっしゃっていましたね。

川原　橋本先生たち、大学の研究者が参加してくれたことで、動かすためのちゃんとしたロジックが持ち込まれました。例えば、ガンダムの膝を曲げるとか、脚をたたむというのはどういうことなのか。電車のパンタグラフがたためるのは、上辺と下辺が同じ長さだからです。人間も同じで、腰の付け根から膝までの長さと、膝から足首までの長さが同じじゃないと正座はできない。そんな当たり前のことでも、いわれなきゃ分からなくて、

左がお台場、右が横浜。よく似た印象だが、ディテールはかなり違う

写真：吉澤健太

あっ、そうか、じゃあそれを実際のデザインにしようと納得しました。どうしてもヒーロー系のキャラクターは、脚を長くしたほうがカッコいい。実際に膝の位置が高いんです。

坂上 ガンダムの模型で見るとよく分かるんですけれど、太ももの長さと、膝下の長さは1対1ではありません。動かすためには、膝の位置を下げなくちゃいけないんですね。お台場のガンダムと、横浜のガンダムとは、膝の位置が全然違います。

川原 じゃあ、膝を下げて、どうカッコよく見せるのか。デザイン的に解決するには、膝が下がったことをあまり意識させないような脚のデザインや色使いが大切でした。具体的には、膝のカバーと色使い。それに、お台場のガンダムにはない脚の斜めのラインを入れて、いろいろなところに目線を誘導することによって、脚のフォルムのカッコよさを出していきました。試行錯誤で結構大変でしたよね。

　あとは造形でいうと、動かすには、先端にいくほど軽くないと動かない。組み込めるモーターのパワーに限界がありますから。なので、例えば、手首とか腕のボリュームも、印象を変えないように、だいぶスリムにしました。脚が分かりやすいですけれど、お台場と横浜で、足首のサイズが全然違います。横浜はふた回りぐらい小さくして、先端の加重を下げました。テクニカルディレクターの石井さんは、毎週のように荷重を計算していて、

［上海］2021年に展示開始のフリーダムガンダム。背中の大きな翼が特徴

©創通・サンライズ

グラム単位で減量の要請が来るんです。デザイン上は減量しても、パーツ制作でバラつきが出ますから、グラインダーで削ったりして、重量との闘いにドロドロでした。

坂上　僕は、「ガンダムGLOBAL CHALLENGE」での議論やパーツ制作には関わっていなくて、ドックタワーが建って、内側にガンダムのフレームを取り付けるところから現場に入りました。やはり、動かすためにいろんな技術者の意見が必要で、でも、大もとには重量の話があり、調整が大変でした。

現場でパーツを組み付けていくと、設計に対して、施工の差というものがあります。それは必ず生じるものというのが、現場の感覚ではあるんです。その施工誤差をどこで解消するのか、いろいろな人と話をしながら落としどころを見つけることが、動かすために必要ですし、一番大事なことでした。

内装の施工誤差なら、なんとか解消できますけど、こういう動くものって、動かした時にここのパーツが垂れるねとか、こっち側にずらしたら重心がこっちにいっちゃうよとか、そういうこともあります。だから、グラムだけの判断じゃなくて、技術者の石井さんとか、システムの吉崎さんとか、実際に取り付ける職人さんとか──職人さんの感覚で、こっちにずらしたら固定の力が下がるとかそういう話もあるので──みなさんの意見を聞きな

がら、落としどころを決めていきました。

　もちろんデザインの要素もあって、例えば膝だったら膝のパーツについて決めないといけないんですけど、膝だったらふくらはぎに関わってきたりとか、意匠的なずれが生じちゃう可能性もあるので、川原さんたちに、現地に来てもらって見てもらうといったことが、しょっちゅうでした。

　また、減量のためにパーツを削ることはありますが、逆に補強を入れなければならない場合も出てきます。それこそつま先の部分に補強を入れるとなると、一番モーメントがかかってしまう。それで近くのどこかを削るかとか、膝の負荷を落とすために、現場で調整することもありました。乃村工藝社で情報を集約して、石井さんに上げて、意見を聞いて、現場で僕らが遂行するという流れでした。

　時には石井さんと意見が食い違うこともあって、例えば配線のルートを石井さんのいう通りに変えると、配線に沿った点検口まで移さなきゃいけなくなる。乃村工藝社的には、意匠が変わるのは望ましくないので、石井さんと一緒に現場を見て、話し合って解決していく。設計と現場との温度感の違いは時々ありました。それはあって当然ですし、石井さんも対等に話を聞いてくださる方ですので、困ることはありませんでしたけど。

鈴木　「設計のオレのいうこと聞け」という人じゃなくて、みんなでちゃんとつくり上げなきゃという意識は、むしろ石井さんが一番強かったかもしれません。

福岡は若い世代がやる！

川嶋　僕はかなり遅め、2019年からの参加です。施設の形がほぼ決まって、来場者に見せる内容もおおよそ決まった段階で、営業担当として加わりました。立像の後ろにあるドックタワーを建てている最中だったんですけど、ガンダムの動きや演出をこういうふうにしたい、こういうふうなことができないかとか、ある種、乃村工藝社がやりたいこと、できることのコミュニケーションを、ほかの会社と取ることが最初の仕事でしたね。

　立像自体の制作には関わりませんでしたけど、その周りで、みなさんが実際に立像を動かす仕組みをつくるために、気持ちよく仕事できるよう調整することが、僕の役割でした。

鈴木　例えば、演出用の照明器具や霧を噴き出すミスト装置を取り付けるんですが、ドック中に張り巡らせる配線・配管ルートが難しくて。

川嶋　現場では、どうしても細かなところの取り合いが起きて、調整が必要になります。ミスト装置をどういうルートで、どの位置に取り付けるのか。そのために、例えばメンテナンス用の足場が必要とか、そういった意匠性のところも含めて議論しました。

鈴木　実際、ガンダム本体をメンテナンスする時に、どういうやり方でできるのかも議論しました。格納されたガンダムは、ドックから手を伸ばせば届くんですけど、それではメンテナンスに十分な距離じゃない。たたんであるデッキをガンダム側に倒して、より近づける場所を何カ所かつくりましたけど、あの形にするまでの議論は結構大変でしたね。

川嶋　その議論は毎週やっていましたね。結局はガンダムが起動する時にデッキが前に開いて、格納されると閉じるというところに落ち着いたのですが、どこまで前に出せるのかとか、高さもいろいろとあったので、落としどころを探るのに時間がかかりました。

川原　毎週、担当する各社からエンジニアが集まる技術定例会があって、2年くらいやりました。30人くらいで熱い議論をする。建機や重機のエンジニアがいて、専門用語が飛び交うような会議でした。でも、みなさん、本当に楽しそうで。

坂上　前向きな熱い議論はしても、もめたことはないですね。

鈴木　ただ、現場はコロナ禍のせいで、飲みに行くといった交流はできなくて。それで、石井さんの声掛けで、ガンプラ会をやりました。プロジェクトに関わっているメンバーが、特に現場寄りの人たちが、それぞれ自慢のガンプラを持ち寄って、ひとりずつ想いをプレゼンテーションする。オンラインでもやったのですが、30 〜 40人いるので、3 〜 4時間かかる。持ってくるガンプラの機体によって、「この人、こういうのが好きなんだ」とか「この世代のガンダムなんだ」とか。ガンダム好きにもいろいろな世代がある。それが分かったりして面白かったです。作品は、施設内のガンダムラボ（ショップ）に飾ってありますよ。

川原　完成した時も、盛大な打ち上げなんてできなくて、記念にみんなで写真を撮りました。メイキング画像を、後付けでそれらしく撮ったり、グリーンバックで合成したりしてつくったんです。そのための撮影会までやりました。

　完成してからも、乃村工藝社からは2人くらい常駐しています。メンテナンスなどがあり

横浜の「ガンプラ会」に持ち寄られた優秀作。好きなガンプラで人柄が分かるという

ますから。立像はつくって終わりというプロジェクトではなくて、施設運用への関与度が、ほかの仕事より強いと思います。日常的にずっと関わってなきゃいけない。

　現在、お台場、横浜、上海、福岡と4体ありますけど、年末年始やシーズンごとのイベントが4体分全部くる。クリスマスに向けての時期なんて、ちょっと大変ですね。

川嶋　4体が全部並行して進んでいくので、いつまでに何をというのは営業部隊のほうで決めて、社内チームに共有します。物流やお客さまの確認作業もあるので、ちょっとずれると、例えば機材が間に合わないことになる。お客さまが困ることのないよう、チームと一緒にスケジュール管理していくことが、今、一番の仕事になっています。

坂上　横浜の現場には、潮風公園の時から手掛けている関さんという先輩の所長がいらして、同期の山中さんをはじめ、僕と同世代のメンバーがいっぱい詰めていて、僕もずっと現場にいましたね。中堅のメンバーがいなくて、すぐ上は川原さんや鈴木さん世代でしたから、横浜は僕らの世代の仕事という気持ちがありました。もう「オレらがやるぞ」って。川原さんたちの背中を見ながら自分のものにして、将来はポジションを奪うぞっていう心意気。社内的にはそういう感覚でやっていました。

川原　それがいいんですよね。そうしないと継承されていかないので。技術の継承って、

［福岡］2022年に展示開始のν（ニュー）ガンダム。『機動戦士ガンダム　逆襲のシャア』に登場の機体

© 創通・サンライズ

よくいうじゃないですか。後継者をどうするんだとか。でも、同じことをできる人なんか世の中にいないです。当然、みなさん、ノウハウも得意技も違うわけだから。だから、ある程度は共有のところのスキルが継承できていないと、やはり僕らがいなくなったらできなくなっちゃうと思う。でも、スキルを継承してくれるのならうれしいですけど、「あんな苦労はしたくはない」と思われないようにしないと（笑）。

坂上　どちらもあっていいということですよね。いろいろな先輩方を見ながら、自分の形を見つけていければいいかなと思っています。ガンダムに限らず、ですけど。

川嶋　横浜の後、上海はコロナ禍で乃村工藝社の社員はほとんど現地に行けてないですけど、その次の福岡は、それこそ僕や坂上さん、同じ世代のメンバーでがっつりやらせていただきました。

坂上　福岡もプロジェクトとしては大変だったですけど、やはり世代が一緒なので、お互いにものをいいやすい。鈴木さんのような上の世代にすぐ相談できますし、困ったことはあまりなかったです。

川原　福岡のガンダムで苦労したのはカラーリングでしたね。福岡は、νガンダム（ニュー・ガンダム）という機体なのですが、映画では、黒と白のツートーンに近いよう

な印象のカラーです。だからその感じでデザインを起こして富野監督に見せに行ったら、「違う。お台場で何を学んだんだ」という。監督は、ガンダムの白、青、赤、黄の４色を子どもたちの目を引く「おもちゃカラー」とネーミングしていて、その色のガンダムが最初に潮風公園に立った時、なんてピースフルな風景なんだろうと思ったとおっしゃるんです。だから、福岡もピースフルにしてほしいと。

それで、黒白ツートーンの割とミリタリーっぽいカラーリングから、ブルーを基調にして黄色とか赤を入れていくデザインラインに変更しました。大きい設定としては ν ガンダムなんですけど、色は全く違うんです。

そういう工夫が毎回あるところが、ガンダム立像をやっていて面白いとこかなと思うんですよね。アニメのそのままをつくるんじゃなくて、やはり立像ならではの、文化とかストーリーがあるのがいいなっていう。

生で触れる"歓びと感動と"

川嶋　横浜のガンダムで、演出を含めて全部が完成し、いざ動くのを見た時に、ちょっと泣くというか、言葉も出ないっていうのはまさしくこのことでした。鳥肌が立って、「ああ、すごいな」って、シンプルにそう思ったんです。たぶん、このガンダムが発信するメッセージは、すごく多岐にわたるのだと思います。もちろん、ものづくりをしたいと思う人も出てくるだろうし、世界中に伝わるメッセージがたくさんあると思います。そういうところに携われて本当によかったです。

坂上　2017年のユニコーンガンダムの時、僕は入社2年目ぐらいだったんです。だいぶ苦しい思いをしました。でも、その経験が横浜に活きました。あの時の頑張りがいい思い出になっていて、会社から近いこともあって、仕事に行き詰まるとユニコーンガンダムを見に行ったりするんです。そこに来ているお客さまたちが、ガンダムを見てすごいっていっているのを見ると、いろいろと感じてもらえる何かをつくれたのは、すごくうれしいなと実感します。

鈴木　乃村工藝社のテーマに「歓びと感動」というのがありますけど、本当にそれを表

すことができている、代表的な仕事のひとつなのかなと思います。お客さまの喜んだ顔を見ることが、何よりもこの仕事をしていてよかったなと思える瞬間です。若い世代には、ぜひそういうことを感じながら、続けてほしい。彼らと分かち合いながら、引き継いでいきたいなと思っています。この十数年、「ガンダム、ありがとう」、「これからもよろしく」っていう感じですね。

川原 ガンダムのプロジェクトを十数年やってきましたけど、これだけ同じテーマで続く仕事って意外とないんですよね。乃村工藝社のなかでも珍しい仕事です。しかも、一般の方々の反応がストレートに感じられる。最初の潮風公園の時は、来場者の様子を現場で見ていたら、暴走族バリバリな感じの人が近寄ってきて、からまれるのかと思ったら、「ありがとう」っていっていってくれる（笑）。

　横浜では、ガンダムファンのブラジル人のご夫婦が、隅にいた僕を見つけて、つくったスタッフに会えたって、奥さんが感激して泣きだしたんです。コロナ禍で1年待ってやっと来られたんだって。スマホで彼らの結婚式の写真を見せてくれたんですけど、ウエディングケーキのてっぺんにはガンダムが立っている。

　ここまで生の反応を浴びるような、そういう体験ができる仕事って、そうそうないだろうと思います。そういう意味では、恵まれていますよね。多少つらくても、それで乗り越えていけます。

（2022年9‒10月取材。記事の肩書きは取材時のものです）

未来の働き方ができる空間を
社員たち自身の手でつくる

乃村工藝社「新オフィスプロジェクト」——— 東京・港区

社員が働く空間を、社員たち自身の手でつくる。
自分たちの会社らしさとは、社員が生き生きと働ける環境とは、
そして未来を先取りする働き方とは——
空間づくりのプロたちが、自らの仕事の本質と向き合い、議論を重ね、
アイデアを出し合って、働きやすい場所をつくり上げていく。
つくりたかったのは、どこにも似ていない空間だった。

情報や知識、経験をシェアする場に

　社員自らの手で、働きやすいオフィスをつくる。それも、現在の使い勝手のよさだけではなく、未来の働き方を先取りするオフィスを——

　東京のお台場にある乃村工藝社の本社ビル。2018年に「RESET SPACE」と名付けられた社員の休憩スペースがオープンした。配管がむき出しの天井に木の床、部屋の2面の壁全体には木の本棚が配され、本棚の裏側には半個室のようなリラックススペースが隠れている。コーヒーカウンターでランチをとる人、テーブルで打ち合わせをするグループ、ソファでパソコンと向き合う人、片隅の卓球台でラケットを握る人たち……。社員たちは自由なスタイルでこのスペースを活用している。

　そして2021年、お台場へのグループ会社集約に伴い、本社ビルに隣接するビルに新オフィスを増床。同じように休憩スペース「RESET SPACE_2」が設けられたほか、既存の概念を打ち破るような会議室フロア「CONFERIUM（カンファリウム）」や、所属クリエイターたちの仕事場である「デザイナーフロア」が新たに開設された。

　そして、これらすべては、2016年から乃村工藝社が試みてきた、未来に向けた新しい働き方を考えるオフィスづくりの一環だ。最初は社内コンペから始まったと同社プランナーの乃村隆介さんはいう。

「これからの社員が働く場所は、どんな空間がいいのだろうかという社内公募があって、その時に私がいたチームが応募をして、優秀賞をもらいました。そこから1年間、チームができて、プランづくりをしました。それで、本社ビル全体を改装するプランをその時は会社に提出しました」

　本社ビル全体の改装プランだけに、会社としてもすぐには結論が出せず、1年ほどプロジェクトは中断してしまう。だがその後、1フロアだけ改装の機会が巡ってくる。乃村さんが続ける。

「乃村工藝社は、毎年2月が年度末で、組織変更などによる社内の引っ越しがあるんです。そのタイミングで会社から声が掛かって、1フロアを休憩スペースに改装するから、プランを考えるようにいわれて、そこからプロジェクトチームを立ち上げました。

乃村工藝社・クリエイティブ本部 プランニングセンター
新領域創発部 ルームチーフ プランナー／クリエイティブディレクター
乃村隆介さん

RESET SPACE_2入り口。木製什器に植物を配した空間が始まる

会社としては、休憩場所が貧相だからきれいにできないか、くらいのつもりだったようですけど、休憩場所だけじゃもったいないからと、みんなで話し合って膨らませて、"シェア"というコンセプトを盛り込みました。情報や知識、経験など、いろいろな人たちが集まって、モノだけじゃなくて、見えないものも全部シェアできる場にしましょうという意味です。

　休憩そのものの意味についても議論をして、単に休む"休憩"ではなくて、働いているなかでパフォーマンスを維持したり、向上させたりするための"リセット"が大事だよねと。人によってリセットの仕方が違うので、いろいろな人たちにヒアリングをして、必要な機能を抽出しました。その結果、会話をしてリセット、飲食でリセット、瞑想のように何もしないことでリセット、体を動かしてリセット、何かに集中することでリセットと、大きく5つのリセットテーマを設定して最初のRESET SPACEをつくりました」

　プロジェクトチームで構想をまとめるのに2週間。実施設計から施工までを含めて、約4カ月というスピードぶりだった。

人が人を呼び、社員100人の輪に

　そして2019年には、本社に隣接したビルに、都内各所に散らばっていたグループ会社を集約するプロジェクトがスタートする。本社の就業者数約1,000人に加えて、新たなオフィスでも約1,000人が働くことになった。当然、休憩用の空間も最初のRESET SPACE（以下、RESET SPACE_1と表記）だけでは足りないため、RESET SPACE_2が計画される。RESET SPACE_2も同様に、社員たちのプロジェクトチームが担当することになった。

「最初は5人くらいで徐々にディスカッションを始めて、いろいろな人たちを呼んでヒアリングを重ねました。でも、1年ぐらいやったらコロナ禍になってしまって、このプロジェクトは消えるのかと、一時はみんなが思いました。でも、コロナ禍だからこそ、新しい働き方に順応していかなきゃならないし、リアルな空間の価値を私たちはすごく信じていますので、さらに議論を1年半くらい続けました」（乃村さん）

最初につくったRESET SPACE_1。本棚の裏には半個室の休憩スペースがある　©Bunpei Kimura

　議論を続けた結果、ひとつのコンセプトに収れんしていく。

「リセットする場所という考え方は変わらないですけれど、今度は、グループ会社のいろ
いろな人たちが、働いている時間にリセットしにくる場所になる。それで、どんな場所にす
るのがいいのかを話し合いました。グループ会社にはユニークな社員が多いんですけど、
元のオフィスが散らばっていたこともあって、隣くらいは知っていても、さらにその隣は誰
が何をしているのか、よく分からない状況でした。それでユニークな人たちが集まって交
流できる公園にしましょうということで、前回の“シェア”をバージョンアップした“Unique
Park”というコンセプトを立てました」（乃村さん）

　方向性が決まり始めると、5人でスタートしたチームはどんどん膨れ上がっていった。
経営企画部の加藤悟郎さんは、最終的には100人くらいが参加したという。

「どうつくろうかという議論をするのに、最初は何となく社内の仲間を誘って小さなグ
ループで話をしていました。それで、ある程度の方向性が出てくると、プロセスとして課
題の抽出をしっかりやりたいねということで、そういう職能の人を何人かピックアップして
チームを組む。さらに、抽出した課題をどうソリューションするか、要件定義みたいなこと
をやるチームがいて、それをどう実装するかという時に、また、わっと人が増えて、最終

フェアウッドプロジェクトを掲げ、身近なところから社員に意識を促す

乾燥中の木材をベンチに。入れ替えながら実際に素材として使われる

的に100人近い人が関わりました。

　プロセスの途中から本社オフィスリニューアルプロジェクトチームという会社の正式な組織になりましたけど、自発的に参加してくれる人がほとんどですし、みんな、自分の仕事がありますので、議論は主に業務終了後の夜にやっていました」

　議論する場所は、たいていRESET SPACE_1。ホワイトボードを持ち込んで、夜10時くらいまで続くことも多かった。

「みんな仕事が落ち着いて、夜、お腹がすいたなってRESET SPACE_1に行くと、誰かがいる。それでさって、話が始まることもあったし、本当に詰めなきゃいけない段階になったら、ほぼ毎晩、みんなで話をしていましたね。普通は社内のことには手を挙げにくかったりするんですけれど、集まってくれたメンバーはすごく前向き。みんな、やってやろうって感じでした」（乃村さん）

　参加したのは、ものづくりが得意な社員ばかりではない。事業計画部門や管理部門など、普段はものづくりに直接関わることのない部署からも参加者が集まった。事業戦略部の中川南さんもそのひとりだった。

「私は、最初のRESET SPACE_1の構想を練っているタイミングで、手を挙げてチームに入れてもらいました。自分の会社をつくるということをやってみたい、社員が気持ちよく働ける環境をつくりたいという気持ちが強かったんですね。

　RESET SPACE_2も、最初から関わりました。私には特技みたいなものはなくて、結構手探りで自分ができる役回りを探したんです。それで、議論の際にホワイトボードに板書したり、議論の内容を記録して、整理するようになりました。合意形成をしていくには、みんなでこういう話をしてきたよねっていう共通認識を持つことが大事なんです。そうい

乃村工藝社・経営企画本部
経営企画部 専任部長
加藤悟郎さん

乃村工藝社・事業管理統括部 事業戦略部
主任
中川 南さん

う時に会議のログがあることの重要性を学びました」

　実際、中川さんの会議メモは非常に役に立ったと乃村さんはいう。

「みんなで、わあわあ議論しているのを、きちんと整理しながらメモしてくれているから、最後にそれ見返すと、1〜2時間の議論のポイントが全部書いてあるんです。じゃあ、これとこれが大事そうだねって、次のステップに進められる。チームとして、すごく助かりました」

　これだけの社員が自主的に参加してくれた背景には、RESET SPACE_1の成功体験が全社的にあったからだと加藤さんはいう。

「誰が何をしていてもいいRESET SPACE_1のような空間ができてみると、いいものだねという共通認識が社内に生まれました。RESET SPACE_1では時間的な余裕がなく、大急ぎで形にしましたが、RESET SPACE_2では議論を詰めて、RESET SPACE_1の要素をアップグレードしたり、そこから得られた知見を活かす仕組みを考えたりしました。

　例えば、食品の自販機には、すごくニーズがあることがRESET SPACE_1で分かりましたので、RESET SPACE_2では社員の健康を意識した品揃えを充実させたり、人流解析で、自販機の周囲に人が集まることが分かったので、自販機をフロアの真ん中に配置しました。

　それから、RESET SPACE_1では木質感を出しましたけれど、木材のトレーサビリティまでは担保できていなかった。それが、RESET SPACE_2では100％できています」

　実際、自販機のスペースには、社員たちのアイデアできめ細かな配慮がなされている。自販機の中の食品は、外部の医師や管理栄養士のアドバイスに従って社員たちがセレクト。コロナ禍で一時休止しているものの、盛り付けに波佐見焼や有田焼の皿、柳宗理のカトラリーなど、好みで選べるように食器類も備わる。食事をする場所は、真っ白いタイルのカウンターをはじめ、さまざまなタイプのテーブルや椅子が用意されている。

　木材についても、トレーサビリティの確保だけにとどまらない。森林環境に配慮した木材"フェアウッド"への取り組みを全面的に掲げ、特に伐採期を迎えている国産材のスギ、ヒノキを積極的に活用。板の素材感そのままに大きな木製テーブルをつくったり、乾燥工程の木材を持ち込んでベンチにしたり、あるいは杉玉のように束ねた杉の枝葉を経年変化が分かるように天井から吊るしたりと、さまざまな形で木材に触れられるような

フード自販機のコーナー。社員どうしの雑談が始まる場所でもある

酒とつまみの自販機コーナー。17:30以降に販売される

仕掛けが施されている。自分たちの日々の仕事環境のなかで、仕事の重要アイテムでもある木材と、自然に肌感覚で触れ合っていくための工夫だ。

ユニークな人を展示する

こうした個別要素のバージョンアップの一方で、"Unique Park"というコンセプトをどう形にして見せるのか、チームは議論に議論を重ねていく。チームのなかでよく登場したキーワードが"余白"だった。

「RESET SPACE_1の時も同じですけれど、働く場所なので、みんな、そこに行って仕事をするわけです。だけど乃村工藝社グループの働き方というのは、意外と遊ぶように働いている人たちが多いんですね。外から見ると、それって遊びだよね、みたいな。ずっとマンガを読んでいる人もいるわけです。一般的にはそれは仕事じゃないですけど、マンガを真面目に読んでコンテンツをつくるとか、空間化することが私たちの仕事の特徴だったりします。

そういった、いわば遊ぶように働いている人たちが集まった時に、ちゃんと働く場所として、あるいは会社のなかにあるべき場所として認識してもらえるような空間はどうあるべきなのか、模索していきました」(乃村さん)

乃村工藝社・クリエイティブ本部 第二デザインセンター
デザイン3部 部長 デザインディレクター
大西 亮さん

デザインチームのマネジメントを担当した大西亮さんは、乃村工藝社らしさをどう表現するかが大変だったという。

「本当に深夜まで議論を繰り返して、何案もつくったんですよ。でも、なかなか突破口が見つからない。RESET SPACE_1の時に、外からの評価は高かったですけれど、同時に、乃村工藝社らしい個性には欠けるという評価もあって、RESET SPACE_2ではノムラらしさに徹底的にこだわったんです。

でも、議論では、ノムラらしさについてのキーワード

ぬいぐるみで埋め尽くしたテレカンブース。ぬいぐるみは吸音材も兼ねている

はどんどん出てくるし、"Unique Park"というコンセプトも出来上がったのですが、それを形にすることができない。それで、みんな、けっこう苦労していました。そんな時に、デザイナーのひとりが、"ぬいぐるみテレカンブース"のアイデアを出してきたんです」

　"ぬいぐるみテレカンブース"は、RESET SPACE_2の中ほどにある半個室のリモートワークスペース。木製の筒形ブースの内側には、吸音材代わりにぬいぐるみがびっしりと貼り付けてある。そのアイデアを聞いた大西さんは、突破口が見つかったと思った。

「この案が出てきた時に、ノムラらしさってこれかもと直感的に思いました。要は建材をキャラクターコンテンツで埋め尽くしたものですけれど、機能とノムラらしいキャラクターコンテンツが埋まっている。突拍子もないへんてこりんなものでありながら、周りはフェアウッドでできている。什器メーカーには絶対にできないものですね。

　キャラクターには、乃村工藝社と仕事でつながりがあるものを、いくつも交ぜてあるんです。ノムラの仕事、ノムラらしさの"におわせ展示"ですね。"におわせ展示"というキーワードが出てきたおかげで、例えばテーブルの天板をノムラらしいコンテンツで埋めていくといった、コンテンツをたくさん埋め込んでコミュニケーションのきっかけにしていくという方向性が決まりました。言葉とかニュアンスが1個できると一気に走れるんですね」

　RESET SPACE_2に埋め込まれたコンテンツは、ぬいぐるみやマンガだけではない。人そのものも、コンテンツとして展示されている。"ユニーク・ピーポー・セレクション"と名付けられたコーナーがそれだ。担当したのは、グループ会社であるノムラメディアスのクリエイティブディレクター・中井章郎さんだった。

「オフィスをつくり直して拠点を集約するから意見を聞かせてと、チームメンバーのひとりから声を掛けられました。実は、グループ内でこんなに横並びになって仕事をすることってないんですよ。だから、誰がどんな仕事をしている人なのか、全然分からない。夜、みんなでワイワイと議論しながら、やはり人と人とをつなげたいけど、なかなかつながらないよね、展示でつなげる方法はないかなといった話をしているうちに、アイデアが浮かんできました。

ノムラメディアス・クリエイティブエンジニアリング統括本部
CR統括部 企画プロデュース部 第2グループ
グループリーダー クリエイティブディレクター
中井章郎さん

RESET SPACE_2の一角にコーナーを設けて、そこで1週間、ユニークな人に仕事をしてもらうんです。僕らは、人は商品ですから、人材ではなくて"人財"といっていますけど、じゃあ、人を展示しちゃいますかみたいな話から具体的なイメージが湧いてきました。テレビ番組の『笑っていいとも！』でやっていたテレフォンショッキングと似たリレー形式で、登場した本人が次の人を紹介する。紹介の条件は、部署やグループ会社の枠を飛び越えて、"自分よりユニークな人"。その人の何がユニークなのか、紹介者が客観的なキャッチコピーをつくり、本人の後ろの壁に表示するようにしました。いわば、人のカタログです」

　現在は、展示期間を2週間に延ばしているが、本人は外での仕事もあるため、ずっと居続けているわけではない。それでも思わぬコミュニケーションが生まれるきっかけになり、"Unique Park"としての役割を果たしている。これまで紹介された人が順に一覧できるので、表面的には分からない人間関係が見えてきて、会社や部署を超えた仕事の連携に役立つという。コーナーを担当する中井さんには、"出演"の問い合わせもある。

「あれってどうしたら紹介してもらえるのと、聞かれるようになりました。私のところへ話が回ってきた段階で、紹介された人に断られたこともありません。

　外部の方からは、これはいいね、と感心されることが多いです。リモートワークが進んで、社員同士のつながりが希薄になっているので、インナーブランディングの方法として、うちにも取り入れたいといっていただく会社もあります」

会社に来たくなる仕事空間を

　コンセプトが決まり、仕掛けやデザインが決まると、実際の製作作業に入る。そこは専門家集団だけに、社内でテーマごとに担当チームが組まれ、本業さながらにつくり上げていった。プロダクトチームのメンバーは、結果的に、ほとんど女性になったとプロダクト・ディレクション2部の波多野篤志さんはいう。

「今回のプロジェクトで、プロダクトチームとしては、できるだけ生き生き働いている社員をメンバーとして集めて、ものづくりをしてみようと思っていました。それで人選をしていっ

ユニーク・ピーポー・セレクション。横の画面に、その人の情報が次々と表示される

たら、たまたま女性ばかりになってしまいまして、女性6人に私という
チームになりました。

　それに、今回はグループ会社も含めた拠点づくりですので、グルー
プみんなで集まって、自分たちのオフィス空間をつくろうという旗を立
てたんですね。そしたらグループ会社のメンバーも実力派の人たちが
集まってきてくれたんです。みなさん、こだわりが強いし、自分たちの
会社のこととなると本当に真剣で、いろいろなことを決めていくのに
ちょっと時間がかかりました。

　でも、決まればつくるのは早かったです。プロダクトチームは、そう
いうことが得意ですし、見たこともないような変わったものづくりでも、
元々そういう世界で生きているので、比較的リズムよく現場は収まり
ました。コスト管理にはちょっと苦労しましたけど、クリエイティブは活か
せたと思います」

乃村工藝社・営業推進本部 第四事業部
プロダクト・ディレクション2部 部長
波多野篤志さん

　6人の女性チームリーダーのひとり、大原由香さんは、"ぬいぐるみ
テレカンブース"の製作に力を入れたという。
「数メートル四方の建材に、ぬいぐるみをひとつずつ、隙間なくびっし
りとタッカーで留めていくんです。ぬいぐるみを触ってケガをしたらい
けないので、留まりぐあいを確認しながら進めました。

　特に、ぬいぐるみを並べるバランスには気を遣いました。乃村工藝
社と仕事で関わりがあるキャラクターを"においわせアイテム"と呼んで
いたのですが、それらがバランスよく配置されるように、一体ずつ位置
や取付け角度を細かく決めていきました。やっていて、すごく楽しかっ
たです」

　楽しみながら仕事ができたのは、プロダクトチームの全員に共通し
ていると波多野さんはいう。
「プロダクトチームは、オフィスづくりをしたことない人がほとんどで、い

乃村工藝社・営業推進本部 第四事業部
プロダクト・ディレクション2部 第2課
大原由香さん

つもはテーマパークのアトラクションやホテルをつくっているメンバーです。だから、このプ
ロジェクトで刺激を受けて、少し成長したように思います。全社プロジェクトに入ることで、

デザイナーフロア。照明の色温度を変えたり、什器に異なる素材を使ったりと工夫が満載

普段は会話することのないメンバーともつながって、すごく視野が広がったんじゃないかな」

　RESET SPACE_2のプロジェクトが2年かけて進行したのとは対照的に、新オフィス完成の5カ月前に急きょ決まったプロジェクトもあった。本社ビルから新しいビルへと、デザイナーフロアを移転させることになったのだ。そのまとめ役を引き受けたのは、デザイナーの山口茜さんだった。

乃村工藝社・クリエイティブ本部 第二デザインセンター
デザイン4部 部長 デザインディレクター
山口 茜さん

「いきなり600坪（2,000平方メートル）をやってといわれて。しかも、プランニングをして、役員決裁を受けるまで、あまり時間がないというスケジュール感でした。ただ、オフィスに対する課題は自分でも感じていましたので、コンセプト構築まで、あまり時間はかかりませんでしたね。

　プランニングにあたって、会社の上からいわれた課題は2つです。リモートワークで働き方が変わっても、やはり会社に来たくなるような場にしてほしいということと、デザインのオフィスが汚すぎるので、きれいにしてほしいということでした（笑）」

　ちょうどリモートワークで仕事をしていた時期でもあり、この課題は山口さん自身の問題意識とも重なったという。

「プランニングを始めた時は、すでにコロナ禍で半年以上が経っていて、家で仕事する機会が増えていました。そうすると、パソコンの中だけの作業になりがちなんですね。家には、広い机もサンプルもない。照明の環境もよくない。ちっちゃく仕事をしている感覚がありました。

　だから、家ではできない作業を抽出していきました。例えば照明の違いを検討できるだとか、サンプルで素材感を把握するとか、ものの大きさが実感できるとか。実際に私も困っていましたし、前のオフィスだと、そうした機能が十分ではありませんでしたので、新しいオフィスで環境を整えれば、みんな会社に来たくなるだろうと思いました」

　完成したデザイナールームは、1人1席の事務所風だった以前のオフィスから見違える

アートのようにして、モニターのインチ数や用紙のサイズ、色覚の差異などを表示

© 河野政人（ナカサアンドパートナーズ）

これまでにつくられてきた模型を1カ所にストック。必要に応じてすぐ参考にできる

© 河野政人（ナカサアンドパートナーズ）

CONFERIUM（カンファリウム）エリアの表示からして展示物風に

ような変化を遂げた。広々とした作業フロアは、区画ごとに照明の色温度を変えてあり、什器類は素材が異なる天板や鋼材を組み合わせて、日常的に素材の違いが体感できる［マテリアルサンプル什器］に。壁に掛かったモダンアートは、モニターのインチ数や用紙のサイズ、色覚の差異表などが埋め込まれ、仕事に［使えるアート］として機能する。そのほか、大きなファブリックやグラフィックなどを実際の大きさで確認しながら作業できる［原寸スタディ用ビッグウォール］、大きなロール紙にどんどんアイデアを描き込める［ロール紙テーブル］、各種のサンプルを1カ所に集約した［マテリアル倉庫］、これまでの模型を参照できる［模型室］など、在宅ではできない作業環境が充実している。

　新オフィスでもう1カ所、乃村工藝社らしさが突出しているのが会議室フロア「CONFERIUM（カンファリウム）」だ。乃村工藝社の個性的な会議を水族館のように展示してみようという発想からデザイン。暗い通路から、ガラス越しに白く明るい会議室を眺められるという、まさに水族館のような空間になっている。部屋によって低いソファから立ち席まであり、会議の内容によって選べるというこだわりようだ。

　デザイナーをアサインした大西さんはいう。

「今回のプロジェクトは新しいオフィスつくりでしたけど、どのフロアの担当デザイナーにも、

水族館のような見せる会議室。特殊フィルムでモニター画面は見えない

普段はオフィスを手掛けているデザイナーは入っていないんです。企業のショールームが得意だったり、ミュージアムを手掛けているチームだったり、"コミュニケーション"や"見せる"ことにこだわりのあるデザイナーが集まりました。事前に狙ったわけではないけれど、意識的にそういうチームにアサインしたことで、結果的に乃村工藝社らしい面白さがある空間になりました」

楽しかった記憶しかありません

　社員たちがつくり上げた2つのRESET SPACEは、完成後も、社員たちの手によって運営されている。
「RESET SPACE_1をつくった時に、関わったメンバーで運営協議会を立ち上げました。空間は、ずっと使ってアップデートしていかないと腐ってきますので、その辺りを自分たちでケアするチームです。RESET SPACE_2ではオペレーションの要素が多くなったので、メンバーを増強して、現在の運営協議会は20人くらいでやっています。みんなが働く場ですから、会社の管理部門に任せるのではなくて、どうすれば働きやすくなるのか、各部門から集まった人たちが、自分たちで決めていこうということです」（加藤さん）
　RESET SPACEは、リセットの場であると同時に、実験の場であり、イベントの場でもある。
「RESET SPACE_2には、3つのテーマを掲げました。健康、実験、ブランドです。実験というのは、まだ形になってないものをマーケティングしたいという人がいるし、この空間を使って実験的なイベントを試してみたいという人もいる。もちろん、試験的に床材や壁材を張ったり、新しい素材やデザインの什器を持ち込んで試すこともできます。デザイナーフロアもそうですが、試してみて、失敗できる環境って大事なんです。
　乃村工藝社の仕事は基本的に請負なので、自分たちで外に対してアピールしていく機会が少ない。だから、そういうことができる環境をつくりたかったということもあります。自発的に何かの実験やイベントをしたい人は、運営協議会にいっていただければ、基本的に自由に使ってもらっています」（乃村さん）

　一連のプロジェクトを振り返ってみると、すべては乃村工藝社らしさを追い求めていくプロセスだったと乃村さんはいう。

「仕事では、御社はこういう会社だから、それに合わせてこうしましょうって、全部ロジカルに語れるんです。でも、みんな、自分の会社のことはあまり考えたことがない。議論すると、乃村工藝社らしさって何だっけって、そこで止まってしまう。

　だから、どんな人たちが、どんな仕事をしている会社なのか、そこからひも解いていって、社員がノムラらしく働くには、どんな空間が必要なのか少しずつ進めていきました。みんなアイデアに詰まって、あれもダメ、これもダメ、みたいな時間もあれば、変なものがぽっと出てきて、なるほどって、みんなが腹落ちした瞬間もありました。

　でも、これだけのメンバーと仕事ができて、新しい発見、人との出会いの連続だったので、楽しかった記憶しかありませんね」

（2022年8月取材。記事の肩書きは取材時のものです）

リモートワーク時代だからこそ
社員が楽しく会える空間を

グロースエクスパートナーズ
「SKY Agora」　　　　　　東京・新宿区

IT技術の発達は、日本の働く環境を大きく変えてきた。
それを加速したのが、2020年からのコロナ禍だ。
リモートワーク体制を先行させながら、会社と社員との関係はどうあるべきなのか、
社員どうしのコミュニケーションや一体感はどのように確保すればいいのか、
そして、これからのオフィスの役割りとは──未来に向けた模索が続く。

社員に会社に来てほしい！

リモートワークの浸透で、オフィスを縮小する傾向が顕著になったが、あえて新たな
オフィスをつくった会社がある。それも、従来のオフィスの概念とはいささか掛け離れた、
未来を見据えたオフィスだ。

東京・新宿駅西口に林立する高層ビルのひとつ、新宿野村ビルの48階にそのオフィ
スはある。エレベーターを降りると、オフィスの入り口は小さく、照明を絞った空間。正面
の黒っぽい金属的な壁には社名もなく、幾何学模様のレリーフがはめ込まれている。会
員制高級クラブのような、秘密めいた雰囲気が漂う。

そのまま細く薄暗い通路を進むと、行く手には大きな木の扉。開くと、一転してまぶし
いほど明るく、開放的な空間が目に飛び込んでくる。ぐるりとオフィスの三辺を囲むよう
に連なる窓。48階ならではの眺望が広がる。

その窓に向かってカウンター席やボックス席が並び、フロアの中ほどには、いくつもの
ワークスペースの島。周辺にソファーや打ち合わせスペースが設けられ、一段高くなった
フロアには、多目的のコミュニケーションスペースやバーカウンター、ワインセラーまでもが
設置されている。フロアの反対側は会議室エリアになっている。

天井の配管はむき出し、柱は現代アートで装飾され、高層ビル内のオフィスとは思え
ない空間だ。フリーアドレスなので、社員たちはお気に入りの場所に座り、思い思いに
仕事を進めている。

このオフィスの主は、グロースエクスパートナーズ。顧客企業のDX
（デジタルトランスフォーメーション）支援を得意とするIT企業で、
社名は"顧客とともに成長するパートナーになる"との意味だ。持ち
株会社であるグロースエクスパートナーズと専門ジャンルごとに設立
したグループ6社の合計7社が、このオフィスで仕事をしている。

そもそも当初は、グロースエクスパートナーズも、リモートワークへの
移行を機にオフィスを縮小しようとしていたと、社長の渡邉伸一さん
はいう。

「新型コロナウイルスの感染拡大が始まって、その当時はこの同じビ
ルの24階と25階にオフィスがありました。1人1席のいわゆる普通
の事務所です。コロナが拡大して、在宅勤務に切り替えました。全員

グロースエクスパートナーズ
代表取締役社長　渡邉伸一さん

がリモートワークですので、最初は業績を心配しましたが、それ以降も右肩上がりの成長が続き、全然影響がなかったんですね。それで、いい意味でショックを受けたというか、今までのオフィスは何だったんだろうっていう感覚になりました」

2020年4月の緊急事態宣言を機に、渡邉さんはオフィスの縮小を決断。翌5月の役員会で、2フロアのうちの1フロアをその年の11月に解約することを決める。220人いる社員のほぼ全員がリモートワークで問題がないことから、残りの1フロアも1年後には解約しようと考えていた。

「そんな話をビルの管理会社にしたら、全部解約なんて言わずに、48階が空くのでちょっと違うイメージのオフィスとして移られたらいかがでしょうと提案されたんです。48階のフロアを見せていただいたら、やはり眺望が全然違う。それで、オフィスのことを再考してみて、仕事は家でもできるけど、社員が来たくなるとか、ここに集まって何かをしたくなるような場所を今後のオフィスにしよう。そんな構想が浮かびました。

というのも、社長の私は毎日オフィスに出ているのですが、社員が誰か来てくれないと、一日中誰ともしゃべらないし、誰とも接触しない。寂しいので、私が会いたいんですよね、社員のみんなに（笑）」

冗談めかして語る渡邉さんだが、その時点では、まだ移転を決めたわけではなかった。48階のフロアを、渡邉さんが思い描くような未来のオフィスにできるプランがあれば、その時に移転を決めようという心づもりだった。

この提案がなかったら移転しませんでした

そこで渡邉さんは、プランをコンペで募ることにする。オフィスづくりに実績ある2社に加えて、たまたまビルの管理会社が紹介してくれた乃村工藝社にも声を掛け、3社コンペとなった。コンペにあたって、渡邉さんが提示した要件は、「社員が遊びに行きたくなるオフィス」。ただ、それだけだった。

声を掛けられた乃村工藝社の営業担当、猫田弘樹さんは、聞いたこともない要件に驚きながらも、48階のフロアを下見に来る。

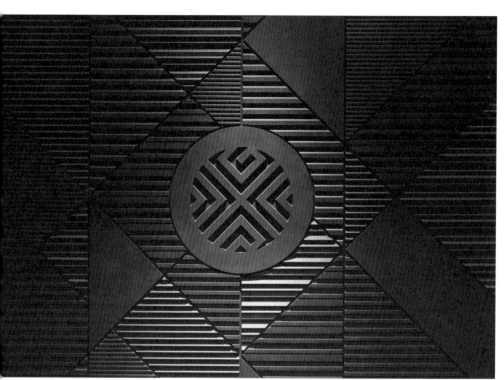

入り口正面の壁には、グロースエクスパートナーズのロゴがあるだけ

入り口からオフィスに続く通路の途中で社名プレートが現れる

「来てみたら、すごくすてきな眺望で、ここでどんな提案ができるだろうかと率直に楽しみでした。すぐに社内でデザイナーをアサインしてチームを組み、提案していくプロセスは、本当にわくわくでしたね。48階の未来型オフィスを提案したことなんて、今までなかったので」

デザイナーとしてチームに参加した山野辺学さんは、乃村工藝社自身が未来の働き方をデザインするために、社員たちの手でつくり上げた本社ビル内のコミュニケーションスペース「RESET SPACE」を担当したデザイナーのひとりだ。

乃村工藝社・営業推進本部 第一事業部
営業1部 第1課 主任
猫田弘樹さん

山野辺さんは、コンペに向けたデザインコンセプトをこう考えたという。

「事前に渡邉社長にお話を伺うと、とにかく人がいないと社長は寂しいんだ、みんなに会社に来てほしいって、本当におっしゃるんですよ（笑）。

それで、さらにお聞きすると、リモートでも業績は悪くなってない。そこがすごく大事だなと思いました。結局、家でもみんなちゃんと働いているんですね。オフィスで働くのは、企業が業績を上げて成長していく

乃村工藝社・クリエイティブ本部 第二デザインセンター
デザイン3部 山野辺ルーム ルームチーフ デザイナー
山野辺 学さん

ところがポイントだと思いますけど、それがリモートでも実現できている。それなら、社員が行きたくなるためにはどうしたらいいのか、まずはそこから考えました。

それで、社員が行きたくなるには、快適にコミュニケーションがとれる場所であることが必要かなと。幸いにも48階というすごくいい立地だったので、ちゃんと活かせば居心地のいい場所はつくれる。そう思いました。

さらに、リモートで仕事はできても、社員の方々に帰属意識を持ってもらうことがすごく大事だなと考えました。オフィスに来るってことは、やはり帰属意識の表れでもありますよね。だから、社員の方々がこの会社に属しているんだということを感じられるようにし

48階からの眺望。北側の窓からは、山手線や池袋のビル群が一望

ワイン好きの渡邉社長が、社員に振る舞うためにワインセラーを設置

バーカウンターでは、コーヒーを淹れながら社員どうしの会話が弾む

たい。グロースエクスパートナーズさんらしさをどう表現するかということに、重点を置きました。

　あとは、事業の成長とともにオフィスも変化できるよう、提案にはフレキシブル性を盛り込みました」

　そしてコンペ当日。乃村工藝社チームは、他の2社とは意気込みが違ったと渡邉さんはいう。

「平面図やパース図、コンセプトシートがきちんとつくり込まれていて、それだけでクオリティの高さが分かりました。正直なところ、乃村工藝社というと商業施設などの大規模案件のイメージがありましたので、紹介とはいえ、ウチのオフィスみたいな仕事は、あまり乗り気じゃないだろうなと、勝手に思い込んでいました。ところが、提案にいらした人数からして、他社の倍以上いて、その意気込みにびっくりしました」

　一方で、乃村工藝社チームの側は、どうしてもやってみたいプロジェクトだったと山野辺さんはいう。

「IT企業って、ワンマン社長のイメージがあったんですが、渡邉社長のインタビュー記事を読むと、社員をすごく大切にされていて、その社員の方々が楽しそうに仕事をしているのが伝わってくるんです。これはとてもいい出会いになるんじゃないかと思えて、コンペのプランづくりをすごく頑張りました」

　コンペのプレゼンを終えて1時間後。ひと息ついたチームの元に、紹介者を通して渡邉さんから連絡が入る。乃村工藝社の本社内の「RESET SPACE」をすぐにでも見学したいというものだった。翌々日、見学に訪れた渡邉さんは、その場で乃村工藝社チームのプランでの新オフィス移転を決めた。

「乃村工藝社さんの提案の中身を見て、こういうオフィスだったらつくる意味があるかなと思って、引っ越しを決めました。逆に乃村工藝社さんの提案がなかったら、ここに引っ越さなかったかもしれません」

オフィスづくりこそ経営者の仕事です

　コンペを制したとはいえ、提案したプランがそのまま使われたわけではない。基本的なコンセプトはOKとしながら、パソコンを置いて仕事ができる席数が足りないとか、ワークスペースが全部窓際に並んでいて、まぶしさや暑さ寒さが気になるといった意見がいくつかあったからだ。すぐにプランの修正作業が繰り返された。

　山野辺さんとともにデザイナーとして参加していた乃村工藝社の佐藤友哉さんは、そこからの進展の早さが印象に残っている。

乃村工藝社・クリエイティブ本部 第二デザインセンター
デザイン3部 山野辺ルーム デザイナー
佐藤友哉さん

「渡邉社長が弊社に見学にいらした際にご意見を伺って、その1週間後に修正プランを3案お出ししました。そこで意見交換をして、その10日後にはさらに修正した5案。以前のフロアの退出日が決まっていたので、そこから逆算してプランを固めなきゃいけないという事情もありました。最初から全速力でやらせていただきましたね。

　ワークスペース、ミーティングスペース、コミュニケーションスペースというゾーニングの考え方は、早い段階で決定になっていたので、オンライン会議ができるような席があったほうがいいよねとか、仕切りはガラスではなくてカーテンにしようとか、細かな調整を重ねて、どんどん仕様を決めていく感じでした」

　進展が早かったことの最大の理由は、渡邉さんの即断即決にあった。

「普通、こういったプロジェクトの打ち合わせには、お客さまの会社の実務担当者が出てくるのですが、グロースエクスパートナーズさんの場合は、毎回、渡邉社長自身が出ていらっしゃって、その場で決めてくださる。パソコンでCADを開いて、渡邉社長の目の前で修正作業を行なったりもしました。打ち合わせのたびに、すごく手ごたえがありましたね」（佐藤さん）

　すべての打ち合わせに渡邉さんが対応したのは、自身の興味もあったが、何よりもオフィスづくりこそ経営者の仕事だと考えていたからだ。

「オフィスづくりは総務部門が担当するといった話をよく聞きますが、むしろ経営者こそオフィスづくりをやるべきだと思います。当社の財産は人だけです。人にまつわることこそ、

窓の眺望と現代アートの柱に囲まれた窓側の執務スペース。人気が高い

経営者がすべき仕事なのです。大事な人材が、オフィスによって生産性を上げたり、コミュニケーションの効率を上げたりすることの本質を分かっているのは経営者ですから」

渡邉さんと乃村工藝社チームとの打ち合わせは、時間を忘れるほどに熱中し、気付けば夜の9時といったこともしばしば。次から次へと出てくる課題や選択肢には、すべて"どうすれば社員にとって楽しいか"という視点から解決策を見出していった。

その"熱中会議"から、遊び心があり、グロースエクスパートナーズらしいアイデアがいくつも生まれた。オフィス入り口の秘密めいた薄暗い通路から明るいフロアへという演出、扉が壁と一体化して存在自体が分からない隠し会議室、段差下にある隠し収納スペース等々。渡邉社長からの発案も多かった。

なかでも、グロースエクスパートナーズらしさの表現として、力が入ったのは柱の現代アートだった。渡邉さん自身もアートが好きで、同社の幾何学模様のロゴマークも、自分でデザインしたほどだという。

山野辺さんが語る。

「このビルは、柱と柱のスパンが短くて、割と柱が目立つんです。それで空間的な処理として、何か柱に施したいなと。それなら、アート表現で、グロースエクスパートナーズさんらしさを出そうと、ご提案しました。

アーティストの候補から、渡邉社長に選んでいただいたフランスの女性アートディレクター、レスリー・デイヴィッドさんにお願いして、最初は、会社ロゴの幾何学模様をモチーフにいくつか案を出してもらいました。でも、渡邉社長は、自分じゃつくれないような、全く違うテイストがいいということで、今の自然をモチーフにした絵柄になりました。家にいるみたいな居心地のよさが必要だよねって、アーティストさんと話しながらつくりました。なかなか日本人は選ばない色のセンスをしていて、夕日がきれいな時は、窓辺でグラフィックがうまくリンクして映えますよ」

一方で、デザインにこだわるためには、事前にクリアしなければならない課題も多かった。乃村工藝社チームの佐藤さんは、デザインを実現するために行政との折衝までしたという。

「ここは48階の高層階なので、やはり消防上の厳しい規制がいろいろとあります。その規制とデザインとをどう折り合いをつけるかで、法的な解釈を確かめに都庁に足を運ん

打ち合わせスペースの仕切りは、人の気配が伝わるカーテンで

目指したのは、リラックスできて、自宅のように居心地いい空間

だりしました。やはり通る部分と通らない部分とがあるのですが、いろいろと工夫をして、結果的には、ほぼデザイン的な意図は取り込めましたね。

　あとは、現場サイドとの調整にも時間をかけました。最初、空き部屋の状態で見に来た時は、壁も天井も柱も内装材がはがされた、鉄骨の構造材がむき出しのスケルトン状態でした。ワイルドで面白いから、すべてデザイン的に活かすつもりで、コンペのパース図でもそうしました。それが手違いで、一部に、いかにも事務所仕様の仕上げボードが張られてしまった。もう戻せないので、ひとつずつ、デザイン的に解決していきました」

初出社の日は、朝からわくわくでした

　新オフィスが完成し、48階へ初出社の日。グロースエクスパートナーズで新入社員研修やリクルートを担当する青木茉実さんは、出社が待ちきれなかったという。

「私は当時バックオフィス系の業務だったので、引っ越しの作業も手伝っていて、何もないこのフロアに初めて入れてもらえた時から、48階に出社する日が楽しみでした。モニターやデスクが入り、椅子も置かれて、今日から24階じゃなくて48階に出社ってなった時は、朝、本当にわくわくしながら会社に来て、仕事をするのも、お昼を食べるのもすごく楽しかった記憶があります。たぶん私、社内でいちばん最初に窓際のカウンター席でお昼を食べたんですよ。ほかの社員たちから話しかけられて、"どお？""すごくいい、最高！"というような会話もして。写真を撮りまくりました。

　社員が遊びに来たくなるオフィスといっても、ことさら遊びの要素が持ち込まれたわけではないですが、新しいオフィスになって、コミュニケーションや雑談が増えたよねって、社員どうしでもよく話します。ざっくばらんに話す機会が前のオフィスよりも増えたので、フランクに出社できるようになったという意味では、遊びの要素は増えたかなと思います」

グロースエクスパートナーズ・グループ戦略企画室
広報担当
青木茉実さん

多目的スペースの一角。見晴らしがよく、ランチ席としても人気

　青木さんは、新オフィスを見てもらいたくて、母校の恩師と後輩の学生6〜7人を OG訪問に招いたという。社内では、個人のSNSにオフィス自慢をアップする社員が 増えた。

　渡邉さんは、仕事以外の目的で出社する社員が増えたと感じている。

「遊びというとちょっと大げさですけど、仕事とは関係なく来て誰かと会うといった出社 は増えましたね。うちは結構、社内のイベントをやるんですが、そういうことができる空 間にしたので、日常的な業務ではなくて、イベントのために来る社員もいます。

　また、会社の公式イベントではないですが、社内のいわゆる有志だけで勉強会をや るとか、読書会みたいなのを企画したりとか、そういうこともできるので、仕事では全然 来てくれない社員が、その時だけ来たりします」

　このオフィスづくりのプロジェクトを通じて、渡邉さんも、乃村工藝社チームも、お互い に共通して感じていたのは「楽しさ」と「リスペクト」だという。

「乃村工藝社の方々は、ものすごく知恵と時間とを使って、私たちのために創造的な 空間を提案してくれる。業種は違いますけど、うちもそういう仕事スタイルです。だから、 お互いにリスペクトを持ってプロジェクトを進められたんだと思います」

と渡邉さんがいえば、乃村工藝社チームも、手間は掛かっても、苦労を感じた覚えがないという。

「仕事への目線が同じなんですね。プロジェクトの途中ではイレギュラーなことも起きますけど、渡邉社長から否定的な言葉をもらったことはありません。全部ポジティブに捉えて、一緒に前に進めてくださる。工数はかけても、やりがいがあって、楽しさを感じるプロジェクトでした」(猫田さん)

「すごく楽しくできた仕事でした。なかなかないんですよ、最初から最後まで、これだけハッピーな気持ちでできるプロジェクトは」(山野辺さん)

　渡邉さんは、新オフィスを「SKY Agora」と名付けた。Agoraとは、古代ギリシャの集会場を指す言葉だ。48階の空に浮かぶ社員の交流広場という意味で、コンペの際に、乃村工藝社チームがコンセプトを表す言葉として使用したものだ。それが、そのまま採用された。一緒に未来のオフィスを思い描き、一緒につくり上げる──そんなしあわせなプロジェクトが、時として生まれてくる。

(2022年8月取材。記事中の肩書きは取材時のものです)

会議室エリアからは、新宿のランドマーク、コクーンタワーが目の前

全国編

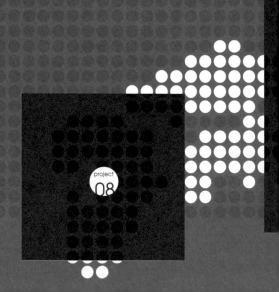

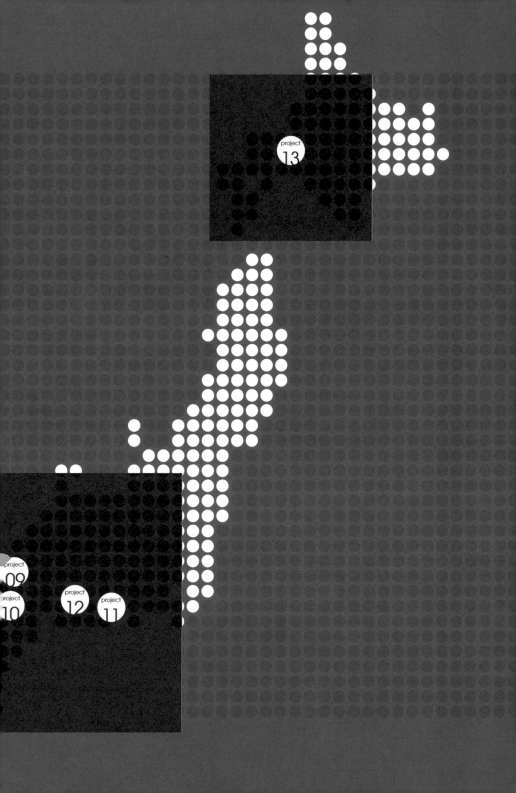

project
13

project
09

project
10

project
12

project
11

郷土の誇りを感じるような
市民交流の場をつくる

菊池市中央図書館　　　　　　熊本・菊池市

機能別につくられたハードとしての空間から、
多様な発展性を見据えたソフトの入れ物としての空間へと、公共空間のあり方が変わってきた。
図書館もそのひとつ。
全国どこの街にもある、同じような本棚を並べ、同じような本をそろえた図書館から、
地域の人と文化が交錯する情報空間へ。
未知のチャレンジが始まった。

貸本屋じゃ意味がない！

　人口4万7000人の市で、年間に延べ15万〜20万人もが利用し、本の貸し出し30万冊以上という市立図書館がある。市民だけでなく、県内外の遠くの街からも評判を聞いた利用者が訪れる。

　菊池市中央図書館。館内に足を踏み入れると、ゆるやかな曲線を描いて長く伸びた本棚が目に付く。その長さは100メートル。本棚に沿って歩くと、カーブの向こうから次々に背表紙が立ち上がってくる。

　本棚のカーブに抱かれるようにして、館内のあちこちで、幼児、小学生、中高生、そして大人たちが、本を読んだり、勉強をしたり、あるいは静かに語らう姿が目に入る。近年、天井まで届く本棚で埋め尽くしたような、迫力ある“見せる図書館”が話題になるが、それらとは対照的に、穏やかで落ち着いた空間が広がっている。

　この図書館がある菊池市は、熊本県の北部の街。市内から遠く阿蘇山を望む緑豊かな地域だ。古くは豪族の菊池氏が本拠地とし、南北朝時代には、九州一帯を支配下に置いたこともある。この菊池市に、中央図書館建設の話が持ち上がったのは、2005年（平成17年）の「平成の大合併」がきっかけだった。

　現在、菊池市の市長を務める江頭実さんが振り返る。

「私は合併の8年後に市長になりました。菊池市、七城町、泗水町、旭志村の4つの市町村が合併して新しい菊池市が誕生したのですが、その頃はまだ新しい菊池市がどんな街づくりをしていくのか、議論がまとまらず、揺れ動いている時期だったんです。その課題のなかに、新しい市庁舎や中央図書館の建設も入っていました」

　菊池市は、街の中心部に温泉が湧き、温泉街もある。かつては、この温泉街が市の経済を潤してきた。しかし、合併を機に、未来に向けた街づくりを考えようという機運が高まってきていた。江頭さんが続ける。

菊池市 市長
江頭 実さん

「ここは熊本県の奥のほうで、JRも高速道路もないんです。でも、いい自然があって、歴史も温泉もある。素材としてはいいものがあるんですよ。今、自然回帰や健康志向に

菊池渓谷。遊歩道が整備され、市民や観光客に人気がある

社会が向かっているので、ぴったり合うはずなんです。それで、心身の健康を軸に街づくりをしていこうと、＜癒しの里 菊池＞をコンセプトに掲げました。

　それに菊池市は、かつては文教都市でした。菊池一族の歴史があって、教育熱心な土地柄だったんですね。儒学を教える孔子堂は日本で最初にできたといいますし、熊本藩が開いた藩校、時習館より先に、菊池には私塾がありました。熊本県で最初の公立図書館ができた地でもあります。でも、高度経済成長時代にすっかり忘れられて、合併の時には、旧・菊池市には、小さな公民館図書室が存在するのみでした。だから、文教都市を再興したいという思いは、市民の方々にも強くありました」

　そこで、市民の意見も聞きながら新しい中央図書館の構想が練られていく。少子高齢化、長寿命化の流れにも対処すべく、生涯学習センターと組み合わせて、ひとつの建物をつくることになった。

「みんなが活き活きと暮らすために生涯学習は非常に大事だねと、市民の思いが徐々にひとつに収れんしていって、生涯学習センターと組み合わせた図書館という案に落ち着きました。

　それならば図書館は、貸本屋じゃ駄目だと。家で買える本をたくさん置くことに意味はなくて、この建物に来て、図書館で学んだことを、生涯学習センターで実践する、そんな有機的なつながりのある施設にしたいということなんです。例えば、生涯学習センターの料理教室に来る人が、図書館で郷土料理について調べたり、栄養学の勉強をして、新しい郷土料理を考える。そんな情報の発信基地にして、地域おこしの拠点にしようと考えました」（江頭さん）

古地図がつなぐ歴史と自然

　新たな建物の計画が進み、1階に中央図書館、2階に中央公民館という構成も決定した。図書館内部の図面も描かれたが、それを見た江頭さんはもの足りなさを感じてしまう。どこにでもあるような典型的な公立図書館の図面だったからだ。もっとクオリティ感がほしいし、4つの自治体が統合した象徴にもなってほしい。江頭さんは、コンペにかけ

菊池渓谷の遊歩道は往復2kmほど。全行程にわたって緑が深い

菊池川の流れは変化に富み、水が流れ落ちる迫力の場所も

るよう指示する。

　乃村工藝社の営業担当、横山昌昇さんはコンペの情報を聞いてチームを編成、コンセプトづくりのために、プランナーの亀山裕市さん、デザイナーの中村和延さんが菊池市を訪れた。

「コンペで示された要件は、広さと蔵書数。あとは、子どもなど利用者の世代によってゾーニングをしてほしいといった機能面の内容で、特別な条件は付いていませんでした。でも、関係者の方々にお話を伺うと、郷土のシンボルになるような図書館を望んでいることが少しずつ見えてきました」（中村さん）

乃村工藝社・クリエイティブ本部 プランニングセンター
企画3部 第8ルーム ルームチーフ
プランニングディレクター
亀山裕市さん

乃村工藝社・クリエイティブ本部 第一デザインセンター
クリエイティブ開発部 松本ルーム デザイナー
中村和延さん

　そこで亀山さんと中村さんは、2人でブレストを重ねていく。

「いくつかの視点がありましたけど、新しい菊池市としてのアイデンティティがこのプロジェクトには必要なんだと理解しました。それで、アイデンティティに通じる菊池市らしさって何だろうと思いながら、いろいろな人にお話を伺っていくと、歴史的なことや、自然環境の特色が出てくるんです。しかし、概念とか言葉では分かったようなことはいえますけど、それを形にしなくちゃいけない。どう形にしようかっていうのを、2人でキャッチボールする感じでアイデアを練っていきました」（亀山さん）

　歴史と自然。その特徴をどう表現していくのか、とっかかりを探し求めていくうちに、2人は1枚の古地図に出会う。安政2年（1855年）に描かれたもので、菊池川水源の渓谷から現在の玉名市の有明海河口に至る全流域を描いた2000分の1の測量図だ。絵図には、菊池渓谷の川筋の様子、橋や崖、滝、石垣、船着き場などが写実的に描かれ、昔の人々が、いかに川と密接な暮らしをしていたかが

郷土史のコーナー。モニターに映るのは菊池川の古地図

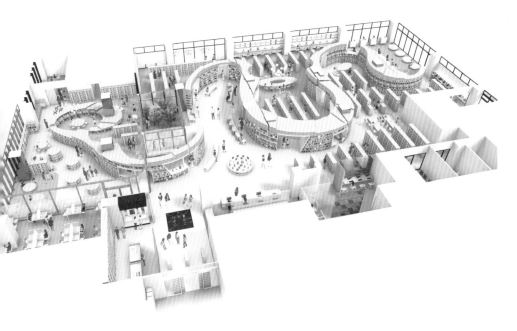

館内のパース図。本棚は川の流れのような独特な形状

資料提供：乃村工藝社

見て取れる。歴史と自然とが、1枚の古地図にオーバーラップしているのを見て、亀山さんは思う。

「昔も今も変わらず流れ続けている川の景色は、先人たちと現代人をひとつにつなぐアイデンティティを感じるのに有効なんじゃないかな。そういう感覚がありました」

「ブックリバー」という発想

菊池渓谷は、菊池市の中心街からクルマで20分ほど。阿蘇を源流とする菊池川が、深い山あいを蛇行しながら、渓谷を形づくっている。随所に滝や水をたたえた淀みがあり、変化に富んだ美しい景色で観光客に人気がある。

最初に菊池渓谷を訪れたときの印象を、中村さんはこう語る。

「いろいろな変化に富んでいるなっていうのが第一印象です。絵図で見ると流れは1本の線に見えるけど、広い場所があったり、狭くて迫力がある場所があったり、同じ川の流れの中にもいろいろな風景があるし、人を受け止めてくれる場所もいろいろとあるじゃないかと思いました」

それから中村さんは、菊池渓谷をモチーフにデザインを練っていく。アイデアがすぐに浮かんだわけではなく、やっては自分でダメ出しをし、またやっては壊しの繰り返しだったという。結局、モチーフが菊池渓谷ではないデザインも合わせて20案くらいを検討した。

「それぞれ模型をつくったり、絵を描いたりしました。でも、やっぱり川のモチーフを使ったデザインが一番しっくりきて、これですべてが実現できそうな気がすると思い、その案をブラッシュアップしていきました」

試行錯誤を重ねながら、中村さんの頭のなかでは、次第に図書館を利用する人たちの具体的なシーンが像を結んでくる。

「事前に渡された建築平面図では、2000平方メートルのがらんどうなんです。だけど、その中で、子どもたちが寝転んだり、おしゃべりしたり、本を読んだりしている。がらんどうの中にいろいろな景色をつくれるような1本の線を描いてみたいなと思ったんです。菊池渓谷のように、広がりのある場所とか、滝が流れて迫力がある場所とか、いろいろ

幼児コーナーは、館長の発案で裸足で駆け回れる

な場所が巡れて、川は1本なんだけど、巡るのが楽しいみたいな場所がつくれたらいいんじゃないかな。そう思ってデザインしました」

　一緒にコンセプトを練っていた亀山さんは、このデザインには2つの思い入れがあるという。

「自然の景観は、10歳の人も70歳の人も同じ景色を見て育ってきて、ふるさとの風景として心に残っていく。だから、図書館のような室内空間でも、ふるさとの風景だと思えるような場所があったらいいなと思いました。カフェやファストフード店で勉強するよりは、何か特別な場所で勉強した思い出があったほうがいい。ふるさとの原風景として図書館空間がつくれたらいいのにって思っていました。

　もうひとつは、図書館は小さい子どもからお年寄りまで、たくさんの人が朝から夜まで、さまざまな時間帯に来られるので、過ごし方の種類がものすごく多いと思ったんですね。自分自身は、受験勉強の時と、本を借りる時くらいしか図書館は利用しませんでしたけど、空間づくりの仕事をするうちに、図書館には、過ごし方の多様性があることに気付くようになりました。それで、コンペのプランには、たくさんの過ごし方提案を入れました」

　こうしてコンペ用のプランが完成した。

　館内には、川のように蛇行した本棚が配置され、源流は幼児のゾーン。川の流れに沿って対象年齢が上がっていき、最後は人々が集まれる階段状の多目的スペース。本棚には随所に通路や穴が設けられ、人の行き来や視線を遮らない工夫がされている。人々が渓谷のいろいろな場所で憩うように、提案書には、本棚の流れの16カ所に、図書館での過ごし方のイメージが描き込まれた。

知の一滴が大河になる

　乃村工藝社の提案書を見た、現在、館長を務める安永秀樹さんは、衝撃を受けたという。

「コンペに出てきたのが、恐ろしいほどのデザインだったので、マジかっ！　て（笑）。これをどうしようか、というところから始まりましたね」

菊池市中央図書館 館長
安永秀樹さん

見たこともない提案に、当然、賛否両論が巻き起こった。そのなかで、積極的に賛成をしてくれたのは、図書館の設立準備室で仕事をする司書さんたちだった。普通の直線的な本棚のほうが本の管理はしやすい。でも、図書館は多くの人に利用されてこそ存在価値がある、チャレンジしましょうと後押ししてくれた。

安永さんは市の職員として、デザインを認めてもらうために説得に奔走する日々。市長の江頭さんも、会う人ごとに、このプランがもたらすであろう未来の意義を語り続けていった。

「これは菊池川を意味していて、子ども部屋から発した知の一滴が、年齢とともに大河になって、大きな知に成長していくんです。そう説明すると、たいてい、みなさん理解してくれました。やはり、コンセプトがよかったのだと思います」

最終的に、乃村工藝社案の採用が決まった。

乃村工藝社・営業担当の横山さんは、こうしたプランづくりができたのは、図書館づくりとは別の経験値が大きかったという。

「正直なところ、図書館はあまり経験がありませんでした。たぶん本棚をつくるだけでしたら、書架メーカーさんのほうが経験豊富だと思います。でも、僕らは日本各地で博物館をつくってきました。

乃村工藝社・営業推進本部
文化環境事業部 営業1部 部長
横山昌昇さん

博物館づくりでは、地域のアイデンティティを探し出して、それを磨き上げて建物に反映したり、展示のストーリーをつくったりするんですね。今回のチームは、博物館が得意なメンバーですから、そのノウハウをしっかりと図書館の中に落とし込めたのかなと。図書館にも空間デザインが求められるようになってきましたから、これから進化していくんじゃないでしょうか」

コンペで採用が決まると、具体的な設計の作業に入る。予算とコストの兼ね合いや

床のところどころには、遊び心のある表示やアイコンが

未知の本との出会いが選書の方針。館長自身のお気に入り本の棚も

細かな部分の使い勝手で、プランは修正を繰り返したが、「今回は、最初にお出しした
プランにほぼ近い形でつくることができました」（横山さん）という。

　本棚のコンセプトを具体的な設計に落とし込むにあたって、デザイナーの中村さんが
特に意識したのは、利用者に合わせたサイズ感だった。
「曲線の本棚がちょうど100メートルくらい。小さい子のゾーンは、幼稚園児か保育園児
ぐらいの未就学児に合わせたスケール感にして、その子たちが隠れるか隠れないかぐ
らいの高さの本棚。そこからだんだん上がっていって、小学生の手が届くぐらいの高さ
になって、さらに人の背より高い大人の本棚になる。

　人のスケールの寸法には椅子にふさわしい高さとか、テーブルにふさわしい高さがあ
るんですけれど、なるべくそれに合うように本棚の高さを設計しました。例えば1段目の
高さは椅子の高さと同じ、2段目の高さはテーブルの高さぐらい、3段目の高さがハイカ
ウンターと同じぐらいにしました」

　本棚のサイズだけではない。上流から下流へと、本を並べる密度も変えていった。
「下流に行くにつれて、本棚が高くなって、本の背の間隔も少し狭くなって、本の密度
が上がっていくようにしました。大人になると、たくさん本を見たいから。逆に、子どもの
ゾーンは圧迫感が出ないように、優しく適度な本があるような雰囲気に。テーブルも低く
して、親子で読み聞かせができるように、小上がりで座れるようにもしました。

　本の収蔵量を稼ぐために、ブックリバーの周りに四角い本棚も置いてあるんですが、
それも密度とか高さを変えて、だんだん高く、密集してくるようにしてあります。奥に入っ
ていくと、たくさんの本に囲まれていくという連続した風景をデザインしました」

　もうひとつ、中村さんがこだわったのは、菊池渓谷のような変化に富んだ空間の楽し
さだった。
「ブックリバーの途中に2つの広場をつくって、最後に階段状の多目的スペースに出るよ
うになっているんですけど、菊池渓谷で滝が激しいところとか、広がりがあって流れが
緩やかなところとかあるような感じで、変化をつけました。

　その変化をまずは高さでつくって、さらにいくつか穴を開けて、穴の開け方も、みんな
が通り抜けできるということだけじゃなくて、あるところは小さくしてみたり、あるところは
大きくしてみたり、あるところは座れるような感じにしてみたり。また、あるところは通り抜

大人のエリアでは、本棚の背が高くなり、本の密度も上がっていく

インターネットやAV環境も充実。図書館で電子書籍の制作も行う

けできなくて、ちょっと片側からえぐったみたいな形にしたりと、渓谷の風景であるかのような変化を本棚につくりました。

　それと、“抜け”を大切にしました。本棚は長い曲面になっているけど、遠くにいる人が見える、向こうの窓の光が見えるみたいな。ゾーニングはしても、細切れになったら広い2000平方メートルの気持ち良さがなくなってしまう。本棚は背板なしの仕様にして、どこにいても人の気配が感じられて気持ちいい、という空間を目指しました」

　当然、本棚の設計は複雑になる。実際に出来上がった際の見え方をシミュレーションするために、中村さんは、手描きのスケッチをもとに、コンピューター上で3Dモデルを起こし、場所ごとに検証をしていった。もちろん、本棚の施工もそれだけ複雑で、1日に1メートルしか組めなかったという。

これは菊池市じゃない！

　2017年11月25日。菊池市中央図書館は、当初の計画よりも半年遅れてオープンした。待ちかねた市民たちが一斉に押し寄せたが、反応の第一声は、館長の安永さんが想像していたものと、まったく違っていた。
「みんないうんです、“菊池市じゃない！”って。自分たちが想像した以上のものを目にして、“こんなこと菊池市ができるわけない”って。菊池市らしさを目指してつくった図書館なんですけどね（笑）。

　オープン前から期待は広がっていたのですが、こんなに感動がある空間だとは誰も思っていなかった。みんな、“ちょっと見てやろか”ぐらいのつもりで入ってきて、入った瞬間に、“菊池じゃない！”と。その驚く様子に、やったことがうまく伝わったと思いました。

　本棚がユニークなので、最初は使いにくいという人もいましたけど、その機会をうまく捉えて、本を探しながらほかの本とも出会えますよ、と使い方ガイドを浸透させていって、今は、みんなこれが当たり前になっています」

　菊池市のにぎわいをつくり、文化の発信拠点を目指す図書館だけに、本棚だけでなく、その運営方針も異色だ。

「入館は誰でも自由です。本の貸し出しも、菊池市民だけではなく、菊池郡の全域、山鹿市、熊本市の住民には貸し出しています。でも、阿蘇市とか、大分県の中津市から来られたりして、借りたいという要望がけっこう寄せられています。交流する人口を増やしていくことが大事ですので、利用地域の拡大や貸し出し資格の制限撤廃も含めて検討していかなければと思っています」（安永さん）

　貸し出し資格だけではない。蔵書の選定も、広い地域での相互連携を前提にしたものだと安永さんはいう。

「蔵書の内容は、構成が少し違っています。選書の時に、当初は、公共図書館の平均的な構成をもとに図書館の蔵書リストを選んであったんです。それでは、同じ図書館にしかならない。6万冊くらいのリストでしたけど、それを全部捨てて、新刊を中心に、近隣の図書館との違いを意識し選び直しました。

　そうすると、近隣の図書館にない本はうちに読みに来る。うちにない本は、近隣の図書館にあるんです。相互に図書館を利用する人が増えてくるし、お互いの選書を広域的に見ると、利用価値が倍になりますよね。

　図書館の本って、とかくヘビーユーザーの声に引きずられたり、ベストセラーばかりを購入したりと偏りがちです。うちはそれと全く逆で、こんな本もあるとですよと、みんなが知っている本とは全然違う本を、紹介する形で提案したりもする。司書さんたちには、ベストセラーとは違う本で、もっと面白そうな本を探し出してくることに、力を入れてもらうようにしています」

　利用方法の柔軟性も、従来の図書館イメージからはかけ離れている。館内の階段状多目的スペースでは、昼間から演奏会を行うこともあるが、市長の江頭さんは、その様子が気に入っているという。

「図書館の中でコンサートを時々やっているんですよ。私はそれがものすごく誇らしい。市民の皆さんも普通に受け止めていて、うるさいじゃないかという人は、ほぼいないですね。机で本を開いている人も聞きながら読んでいます。とてもいい光景だと思います。

　4つの市町村が合併して、正直なところ、いろいろと軋轢もありました。ところが菊池渓谷を悪くいう人がいないのと同じで、この図書館だけは、みんなが誇りにしてくれる。ですから、何かメディアに取り上げられたりすると、いいでしょあれって、自分のものみた

　　　　　　　　　本棚がいくつも重なっていても、向こうに窓の光が見通せる設計

デザインとは、
もちろん建物の意匠もあるが、
デザインとは「設計すること」。
ジャンルを越えて人と人を……。

いに喜んでくれる。そういうシビックプライド（街に対する市民の誇り）、共通するひとつの価値を持てたのは、すごく大きいことだと思います。

そして対外的には、菊池市のクオリティを感じてもらうアイコンになりました。教育に対する思いとか、文化に対する思いが、伝わるような気がしています」

実際、図書館の開館以降、熊本県内での菊池市の印象は変わってきたと乃村工藝社の営業担当、天野晴香さんは感じている。天野さんは、熊本市の出身で、このプロジェクトには施工フェーズから参加した。

乃村工藝社・営業推進本部
文化環境事業部 営業1部 第2課
天野晴香さん

「熊本市内の友人や家族に聞くと、結構、この図書館を見に来ていて、その足で菊池渓谷へ行ったりしています。東京の友人も、熊本旅行で菊池へ行ったよと話していて、定番の阿蘇じゃないんだと、とても新鮮でした。

熊本弁で新しもの好きを"わさもん"といいますけど、そんな人たちが注目していて、ドライブがてらこの図書館に寄って、そこから観光に行ったりする。図書館を起点に、行動範囲が広がるのは、新しいなと感じます」

開館から5年。多様な文化の発信拠点を目指した図書館では、多様な市民の交流が行われている。

「お父さんと子どもとで来館する人が増えました。お父さんどうしで、子育ての情報交換をしているんです。外国人が日本の子どもに英語で読み聞かせをしたり、子どもたちがつくり上げた紙芝居を、図書館で引き受けて電子書籍で閲覧できるようにもしています。お年寄りも来ますし、家族3世代の家みたいになっています。図書館に行けば何かやってるとか、何か新しい情報があるかもとか、そういう形で立ち寄れるような場所になりつつありますね」（安永さん）

なかには、安永さんが驚くような申し出もある。

「結婚式の記念写真を館内で撮りたいと頼まれました。新婦が市の職員で、開館の際に、他部署からの応援で本の搬入を手伝ってくれた職員です。少しでも関わったことで、

図書館に思い入れを持ってくれているんですね。図書館の悪評が立つから離婚だけは
しないでくださいとお願いして、撮影してもらいました（笑）。

　それから、利用者の学生に、この図書館をつくった会社について聞かれたこともあり
ます。それも、別々に2人から。図面を見せて説明しながら、乃村工藝社という会社だよ
と教えると、その後、1人は乃村工藝社に就職しました。もう1人も同業の他社で働い
ています。図書館って、人がつながって、可能性が広がる場なんですね」

　菊池市立図書館は、将来、どんな図書館を目指していくのだろうか。
「もちろん、世界一の図書館です。菊池市民にインタビューをして、菊池で世界一のも
のっていったら何？　と聞いてみてください。市民が図書館ですって答えてくれたら、そ
れが僕たちの目指す世界一の図書館なんです。

　結局、市民のニーズにどう合わせていけるかなんですから。周りには、楽しく、ゆる〜
く世界征服をもくろむ謎の組織、菊池市立図書館ですって宣言してます」

　そういうと、安永さんは楽しそうに笑った。

（2022年8月取材。記事の肩書きは取材時のものです）

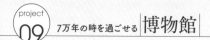

"世界標準ものさし"の
圧倒的な存在感を見せる

福井県年縞博物館──────福井・若狭町──

まず、見せたいものがあり、それをどう見せるかを議論しながら
建築と展示とを設計していく。本来のミュージアムとは、そうあるべきだが、
さまざまな事情によって、建築と展示とは別々に設計されることが多い。
しかし、時として研究者の情熱が周囲を巻き込み、建築家、展示デザイナーなど、
クリエイターたちが同じ想いを共有しながらミュージアムをつくり上げる、
そんなプロジェクトも生まれてくる。

湖底から7万年の記憶を採取する

年縞（ねんこう）という言葉をご存じだろうか。

年縞とは、長い年月の間に、湖沼などの底に形成された縞模様の堆積物のこと。春から秋にはプランクトンの死がいなどが、晩秋から冬には黄砂や鉄分などが降り積もり、1年に1層ずつ縞模様の泥として堆積している。いわば、樹木の年輪の地層版だ。

樹木の年輪を調べることで、過去の地球環境が分かるのと同様に、年縞を調べることで、過去の地球環境が見えてくる。そればかりか、年縞分析で各年代の放射性炭素の量が正確に分かることから、未知の出土品がいつの時代のものかを調べる「放射性炭素年代測定法」の精度が飛躍的に向上する。年縞は年代測定の"ものさし"なのだ。

そして、世界中が頼りにする"世界標準ものさし"は、日本の福井県若狭町にある。5つの湖が連なり、風光明媚な観光地として知られる三方五湖（みかたごこ）。そのひとつである水月湖（すいげつこ）の湖底から、研究者の国際チームが、完全に連続した7万年分の年縞を採取することに成功した。その長さは実に45メートル。2006年のことだった。

それまで使われていた"世界標準ものさし"のうち、精度が高いのは樹木による1万2,000〜1万3,000年分。水月湖のデータが、それを4倍以上に伸ばしたことになる。なぜ、水月湖には7万年分もの年縞が乱れもなく堆積したのか。研究チームのリーダーで、当時、英国ニューカッスル大学教授を務めていた中川毅さん（現・立命館大学教授）が説明する。

「三方五湖は湖が5つあって、水月湖はその真ん中にあります。日本には四季があり、春夏秋冬、違うものが湖底にたまって年縞になりますけど、それ自体は当たり前のことです。じゃあ、水月湖は何が特別かというと、春夏秋冬、違うものがたまったまま、堆積物が壊されずに残っているんですね。

壊す要素は何かというと、一般的には2つあって、1つは生き物が壊す。もう1つは波とか土石流とか、そういうエネルギーの強い流れが壊すんです。でも水月湖は、深くて非常に静か。上下の対流が起こらず、湖底に酸素がない。なので、まず生き物がいない。三方五湖には、地殻変動が起きたり、川が流れ込んだ時代もありますけれど、5つの湖の真ん中にある水月湖は、常に周りの湖に守られてき

立命館大学・古気候学研究センター
センター長　教授
中川　毅さん

博物館のすぐ前は、はす川と三方湖。若狭の静かな風景が広がる

た。周囲を山で囲まれているので、強い風も遮られる。だから、水月湖が特殊な位置にあることが、特殊な地層がたまっていることの理由なのです」

　連続した7万年分の年縞採取に成功した中川さんたちだったが、実は、そこから先が研究の本番だった。7万年分の年縞を、1枚ずつ分析していくという気が遠くなるような作業が待ち受けていたからだ。

「まず、年縞を全部数えたんです。年縞の厚みは、1年分で平均0.7ミリメートルくらい。ドイツと英国の若手研究者2人が、それぞれ別の方法で、4年半くらいかけて数えました。それから、オックスフォード大学の学生1人が、45メートルの年縞の端から端まで探して、全部で1,300枚くらいの葉っぱの化石を拾い上げたんです。ピンセットで。これ、大変なんです。何万年も前の葉っぱだから、触っただけで、はかなく砕け散っていく。息を詰めて1枚ずつ拾っていくわけです。

　それから、葉っぱに含まれている放射性炭素の残量を測定します。新しいものほど残量が多く、古いものほど減っていく。だいたい5万年くらいで残量がなくなりますから、5万年分、年代ごとの残量が判明します。未知の出土品があれば、その放射性炭素の残量と照合すれば、いつの年代のものなのか、正確に判定することができます」

　結局、データ誤差の修正作業も含めて分析には6年もの年月がかかり、研究成果が米国の科学雑誌『サイエンス』で発表されたのは2012年のことだった。科学史に残る発見に、『サイエンス』の発行元は、東京をはじめ、世界各地を結んだ記者会見を開催。"レイク・スイゲツ"は、一躍、世界中の注目を浴びることとなった。

　翌2013年、世界中の科学者が年代測定の際に使用する較正モデル「IntCal（イントカル）」は、改訂版で中川チームのデータを全面的に採用。メートル原器やグリニッジ天文台と同様に、地質学的な時間に定義を与える国際標準の"ものさし"に水月湖の年縞が用いられることになった。

泥を展示できるのか⁉

　その頃、中川さんに取材し、さまざまな媒体で年縞の意義を説く記事を書いていた

水月湖は三方五湖の真ん中。7万年もの間、周囲の湖に守られてきた

福井県年縞博物館・特別館長
ノンフィクション作家
山根一眞さん

のが、ジャーナリストで作家の山根一眞さんだった。日本での取材の後、研究拠点である英国に戻った中川さんに補足で取材したメールは130通に及んだという。その山根さんが、中川さんの研究成果を知ってもらうために東京で記者会見をセットしたことがあった。「僕は、仕事で福井県との付き合いがいろいろとありまして、当時の県知事とも知り合いでした。それで、一応、記者会見に声をお掛けしたら、わざわざ福井から来ていただけたんです。中川先生の30分以上もあるレクチャーを非常に熱心に聴いてくださった。それからしばらくしてですね、福井県から年縞の展示施設をつくりましょうという話が持ち上がったのは」（山根さん）

　とはいえ、当時は、年縞そのものを展示する方法が、ほとんど知られていなかったと中川さんはいう。

「僕の師匠で、水月湖に年縞があることを最初に発見した国際日本文化研究センターの安田喜憲先生と2人で福井県庁に呼ばれて、展示施設をつくりたいと打診されたのです。以前に米国のスミソニアン博物館が、年縞の展示に挑戦したものの、どうしてもできず、結局、レプリカの展示にしたことがあったんです。それほど難しい。

　でも、僕は世界中の年縞コミュニティと付き合うなかで、1枚だけ、年縞の標本を見たことがあったんです。それを7万年分並べたら、展示として成り立つかなと思って、"いや、やりましょう"と返事をしました。そこから、博物館の建設計画が始まりました」

　中川さんが見た標本は、年縞を顕微鏡で観察するための、いわばプレパラートだ。泥の塊である年縞を凍結乾燥して水分を除去。エポキシ樹脂で固めたものをサンドペーパーと砥石で1ミリメートルの20分の1の薄さに研いでいく。

「年縞研究で有名なドイツのポツダム地球科学研究センターで働いていた技師で、ミヒャエル・ケラーさんという人がいて、最初は2～3センチメートルくらいの小さなものしかつくれなかったんです。でも、だんだん腕を上げて、次は10センチメートル、そしてついには1メートルの年縞ステンドグラスがつくれるようになりました。世界でも彼にしか

自然が生み出した年代のものさし（鍾乳石／氷／サンゴ／樹木など）

45メートルの年縞展示壁の裏側に、7万年の地球の歴史が説明されている

7万年前ころから、ホモ・サピエンスはアフリカからユーラシアへ渡ったとされる

できない技術です。1メートルの長さがあれば、展示に使えます」（中川さん）

　博物館の建設が決まった時、年縞の展示に対する中川さんの考えは、非常にシンプルなものだった。

「7万年分45メートルを、1年分の欠けもなく全部展示したいというのが、強い想いとしてありました。というのも年縞は、ダイヤモンドとか恐竜の骨とは違って、それ自体はただの泥です。ものとしての説得力は若干つらいところがあるんです。ただ、年縞に対してどういう研究努力が投入されたのか、その結果、世界がどういう意義をそこに認めているかという周辺のストーリーがあって、ようやく成り立つというイメージがありました。

　そうすると、年縞ステンドグラスがぽろんと1枚置いてあるだけでは駄目で、全く欠けることなく、7万年分の最初から最後まで連続して示し切らないと、おそらく展示としては足りないだろうと思っていました」

　博物館をつくる相談に乗っていた山根さんは、中川さんから、とんでもない構想を聞かされたことがあるという。

「水中に降りていくエレベーターを水月湖につくって、湖の底で年縞を見せられないかというんです（笑）。年縞が堆積しているのをそのまま見てもらう。とても無理ですよね。仕

方なく陸上の博物館で見せるにしても、年縞は縦に堆積しているのだから、縦に展示できないかというんですよ。でも、立てると自由の女神と同じ高さになる。やはり難しい。だから横向きに展示するのは、中川先生にとって、ある意味じゃ無念なんです」

結局、どんな展示にするのかは、コンペで募ることになった。

年縞がもつ"本物の魅力"を信じる

乃村工藝社からコンペに参加したのは、プランナーの岸田匡平さんと、デザイナーの稲野辺翔さんだった。始まりは突然だったと稲野辺さんはいう。
「コンペに出るよって、日曜日の朝に電話で起こされて、そのまま福井まで行きました。中川先生がセミナーをやってくださるので、眠い目をこすりながら船に乗ってひと通り話を聞いて、最後に縄文博物館で年縞ステンドグラスを見せていただきました。

往きのクルマの中では、正直なところ、わざわざ土のためのミュージアムをつくるのかなって思っていたところがありましたけど、年縞ステンドグラスを見て、これをずらりと並べたらすごいお宝だなと。遠くからでも見に来る価値のあるものになるんじゃないか、専用の展示室をしっかり提案しようと思いました」

コンペ案を練るにあたって、最初の情報はとても少なかったと岸田さんはいう。
「最初にお会いしたのは、話の面白い中川先生と、応援団である山根先生、それから年縞ステンドグラスが3枚。それだけだったんです。そこから全体をどう提案したらいいんだろうって、ずっと稲野辺さんと

乃村工藝社・クリエイティブ本部 プランニングセンター
企画4部 第10ルーム ルームチーフ プランナー
岸田匡平さん

乃村工藝社・クリエイティブ本部 第三デザインセンター
デザイン5部 深野ルーム デザイナー
稲野辺 翔さん

議論しながら詰めていきました。

　ちょうどコンペが終わる頃になって、中川先生が『時を刻む湖』という本を出されたんです。これを読むと年縞の意義や年縞研究のドラマがよく分かって、面白い展示になるぞという確信が持てました」

　コンペでは、事前の予想を覆して乃村工藝社チームの案が採用になった。7万年分45メートルの年縞ステンドグラスを極めてシンプルに、真正面から見せるプランだった。採用の理由を中川さんはこう語る。

「みんな、疑いから始まるんです。僕自身もそうでしたけど、泥が見せ物として通用するんだろうかと。でも、そこから道は2つに分かれる。通用すると信じて突き進むか、通用しないと思って別の要素で味付けをするか。後者の立場で出てきたプランでは、年縞ステンドグラスは、ものさしの目盛りとしての脇役で、展示のメインは各時代の出来事だったりしたんですね。

　それに対して乃村工藝社の提案は、年縞の魅力を信じるところからスタートして、その自分たちの価値観と心中しようという、思い切りのいい提案でした。年縞を主役にすることに、僕自身にだって不安はありましたし、稲野辺さん、岸田さんになかったわけはない。でも、信じて突っ走ってくれたことで、プランそのものにワクワクできて、僕には響きました。ほかの審査員も同じように感じたらしく、全会一致での採用でした」

　具体的なプランづくりがスタートし、乃村工藝社チームは中川さんとアイデアのキャッチボールを繰り返しながら、少しずつ展示内容のイメージを詰めていく。年縞ステンドグラスは専用スペースでシンプルに見せることにして、ほかの展示物については、その道のプロたちの手を借りて、できる限り本物志向の展示を目指すことになった。

「展示を見ていただければ分かるんですけれど、地形に注目したところだと、地形のこの先生に聞きに行こう。花粉のコーナーだったら、花粉のあの先生に聞きに行こうとか、そうやって、その道のプロの方たちと、どんどん展示内容を膨らませていきました。

　そもそも中川先生の年縞採取プロジェクトが同じような考え方で、先生ご自身が道具づくりのプロだし、ボーリングも年縞の分析も年縞ステンドグラスの制作も、その道のプロの方と組んでやってこられたんですね。なので、僕らも展示のプロとして参加して、展示するコンテンツは、その道のプロに協力をお願いする。すごくディテールにこだわりのある

中川さんが年縞採取に使った手づくりの道具類。必要なものは何でも自作する

者が「年縞」の調査や研究

道具です。

中、必要に迫られて100円

センターで見つけた、あり

に作った道具もあります。

研究に取り組む科学者たち

な道具を自作することで、

手にすることが多く、科学の

者の工作の腕前はとても

調査・研究でも同じでした。

展示のつくり方でした」（岸田さん）

45メートルの展示壁で屋根を支える

建築家・東京大学名誉教授
内藤 廣さん

　展示内容を詰めていく一方で、建物の設計をどうするかという大きな問題があった。45メートルもの年縞を収容する建物は、通常の博物館とは違う形にならざるを得ない。乃村工藝社チームは、公共建築や文化施設で知られる建築家の内藤廣さんに、設計を依頼した。

　プロジェクトの説明をされた際の印象を内藤さんはこう語る。

「いや、すごいものだなと思いました。そもそも人類がアフリカ大陸を出たぐらいの頃からの話なので、もう僕らが考える年数のスケールを超えているわけです。それが粛々と湖の底に、地形変動とかいろいろなことに乱されないで溜まっていたのもすごい。なにより、当初は誰も認めないような、よく分からないようなものを、中川さんの情熱であそこまで持ってきたってことがすごいなと思いました」

　そして、内藤さんを驚かせたのは、年縞そのものを展示したいという中川さんの強い意志だった。

「普通の博物館では、そういう貴重品は展示には出せないんです。日光にはさらせませんから。それを生で見せたいという。私は博物館をいくつか設計してきましたけれど、めったにないことですね。中川さんじゃなければ、収蔵と展示を中心にした普通の博物館の設計になったと思うんです。でも、発見した当人が強い意志を持っていたので、こういう形でできたんですね。通常はできないです」

　設計を引き受けた内藤さんは、2つの課題に直面したという。

「県産材の杉を使った木造建築にしてほしいと、福井県から要望があったんです。福井は何年かに一度は豪雪で、積雪が2メートルくらいになる。建築設計的には、ものすごい荷重なわけです。でも、建築基準法の耐震基準では、積雪状態で揺すられる前提にしなければいけなくて、構造計算上はものすごく難度が高い。それを杉材の木造でやら

45メートルの年縞展示室。余分な装飾が一切ない空間。屋根の構造が美しい

建築家と展示デザイナーとのコラボから、基礎と展示壁一体の構造が生まれた

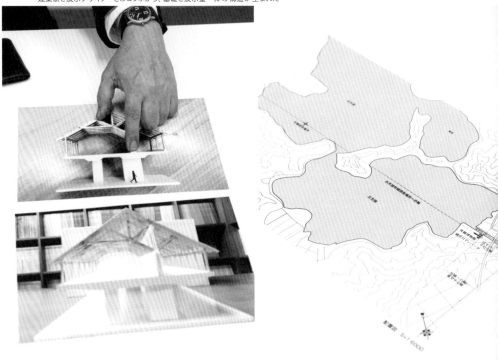

基礎部分の断面はアンシンメトリー。建物の軸線上に年縞の採取現場がある

なきゃならない。杉は柔らかくて、造作をしたい人にはいいですけど、構造材本体にはなかなか使いづらい。本来、構造材には向いてない部材なのです。

さらに、あの辺りの地盤条件って、すごくデリケートなんです。川のほとりで、地下のことがよく分からない。隣の縄文博物館の構造設計もされた金箱構造設計事務所の金箱温春さんにお願いをして、地中を調べてもらったりしながら、どうやってつくったらいいのか、さんざん議論をしました。でも、なかなか解が見つからない。積雪を考えると、とんでもなくごつい部材になってしまうんです」

考え抜いた末に、内藤さんはひとつのアイデアを思い付く。

「中川さんは、45メートルの年縞を全部展示したいのですから、普通のちゃちな展示壁ではなくて、しっかりした壁、要するにコンクリートの壁に展示したらどうかと思ったんです。それで、展示壁から上を別の形式の構造体として考える。

あとは屋根の形をどうするかですが、トラスを木造で組むと、部材がごつすぎて、ほとんど天井が見えない空間になる。それでは何のために木造にしたのか分からないことになる。それで、トラス部分を鉄骨でつくり、その上に木造の屋根をかけることにすれば、抜けがある空間にできるし、積雪時に地震で揺すられた時もしっかり対応できます」

つまり、建物の基礎から展示壁までを一体のコンクリートの塊としてつくり、その上に構造を組み上げるというわけだ。45メートルの展示壁は、建物の梁のような役割を果たしている。こんな外部に開けた構造のミュージアムは、ほぼ類例がない。

さらに、構造が複雑になる要素があった。力学的に重要な展示壁が、建物中央の軸上ではなく、片側に寄せてつくられたからだ。それは、展示を担当する乃村工藝社チームとの連携によるものだった。展示のコンセプトは、年縞ステンドグラスだけを見せる細長い展示室があり、展示壁をはさんで反対側の広いスペースに、年縞に関するさまざまな展示物を置く。展示壁を挟んで、両側の広さがかなり違うことになる。

「建築的にはすごく特殊で、普通だったらシンメトリーにつくるのですけれど、展示壁を力学的に寄せてつくったので、非常に特殊な構造体になりました。だから外観はシンプルでシンメトリーな建物ですけれど、力学的にはアシンメトリーっていう、多分、ほかにはない建物だと思います」（内藤さん）

“本来の博物館”をつくる

　もうひとつ、博物館として通常はあり得ないと内藤さんがいうのは、年縞展示室の大きなガラス窓からの眺めのよさだ。窓の外には三方湖が広がっている。

「普通の博物館ではあり得ないですよね。外光が入らないように、暗い箱にしてくださいというのが一般的な博物館のつくりですから。

　年縞展示室を2階に上げたのは、敷地の隣に川が流れていて、その向こうが湖。堤防があるわけじゃないし、いつ水につかるか分からない。だから、展示室はやっぱり2階にすべきだと思ったんです」（内藤さん）

　一方、乃村工藝社チームは、別の視点から2階展示室を考えていた。

「三方五湖の景色も含めて展示なんじゃないかなと考えて、現地で撮影用のドローンを飛ばして、このくらいの高さだと、こういう景色が見えるといった検討を重ねました。それで、やはり展示室は2階にしたいと考えました」（稲野辺さん）

　こうして、内藤さんと乃村工藝社チームは、互いに連携しながら、独創的な建築と展示空間とをつくり上げていった。

　内藤さんは、年縞博物館は、“本来の博物館”をつくったプロジェクトだという。

「戦後の文化財行政は、文化財の保存と展示という矛盾する話をかかえながら、ずっと博物館をつくってきました。それで、何を見せるにしても、だいたい暗い箱に閉じ込める。閉じ込めると何が起こるかというと、どういうわけかエンターテインメントになっちゃうんです。テーマパークのアトラクションと同じで、何をやってもリアルな感じがしない。リアルに見せようとしてジオラマをつくったりするのですけど、やはりつくり物感は否めない。だけど、年縞博物館は外とつながっていて、そういう感じが全然ない。奇跡的にそうならなかったんです。

　それに博物館は、修学旅行の学生とか小学生の団体が来るので、見学の1時間くらいで大体のことがつかめるように展示をお願いしますという話になりがちです。だから展示は、年代やテーマに沿った系統展示になってしまう。でも、子どもはだまされないんですよ。子どもこそ、大人よりも感性が鋭くて本物が分かる人たちだと思うので、本物を見せないと駄目なんですね。その点、年縞は本物ですから」

　実は、内藤さんは、設計を引き受けた直後、独自に展示プランをつくったことがある。それを見せてもらった乃村工藝社チームは、考え方がよく似ていることに意を強くしたと

ガラス張りにしたことで、夕暮れ時には年縞の展示が外からも美しく見える

©Kenichi Suzuki

年縞展示室からは三方湖が見晴らせる。眺めてくつろぐ見学者も多い

いう。

「僕たちも似たような展示ストーリーを持っていたので、内藤先生が考えていらっしゃることを、僕たちはこう考えて、こう展示したいと思っていますというお話をしたら、早い段階で納得していただいて、展示については任せてもらえました」（岸田さん）

　しかも、両者の考え方が一致したことで、プロジェクトはブレずに済んだという。

「僕たちの展示プランについては、いろいろな人から修正の働きかけがありました。もっと子ども向けにしたらどうかとかね。でも、内藤先生が僕らと同じように考えていらしたのは、すごく嬉しかったですし、心強かったです」（稲野辺さん）

　プロジェクトを振り返って、内藤さんは、建築と展示とがうまく連携できた点を評価する。

「プロジェクトが終わってみて、大事なのは、やはり人だなと思いました。乃村工藝社は立派な会社だけど、立派な人ばかりがいるわけじゃない。でも、今回、一緒に仕事をした2人は、乃村にもこんな人がいるんだと感心しました。年縞の価値と意味を伝えたいという高い志を持っていて、だから展示も、年縞への理解をどう深めてもらうかということで、全部が一貫している。展示会社との珍しいコラボレーションになったという実感がありますね。

　本物をできるだけいい状態で見せて、そこに素直な感動があって、あとはなんでこんなに感動したんだろうとか、なんで動かされたんだろうとかというのを、展示をぽつぽつ見ながら納得していくのが素晴らしい。そんな博物館、ほかにありますか」

過去を解き明かし、未来を予測する

　建物が完成し、ドイツから100枚の年縞ステンドグラスが到着した。年縞ステンドグラスの長さは1枚1メートル。年縞採取のボーリングでは、長さ1メートル程度のパイプが使われたが、継ぎ目部分の年縞が崩れてしまうため、深さをずらし、平行した3本の年縞を採取して、完全な連続性を確保してある。だから、展示では、2列ないし3列の年縞ステンドグラスを互い違いに並べて、7万年を再現する。

年縞展示室。7万年分の年縞には、本物だけがもつ迫力がある

その取り付け作業が難関だった。7万年分の年縞を、順序を追って正確に並べていかなければならないからだ。そればかりか、上下互い違いに並ぶ年縞ステンドグラスの縞模様が、ピタリと合っていなければならない。

「送られてきた100枚の年縞ステンドグラスが、大量のダンボール箱で積み上がったんです。それを45メートルの廊下を、1枚ずつ100回行き来して、端から順番に床に並べるわけです。次に、照明が当たっていないと、黒っぽくてよく見えないので、懐中電灯の光を当てて、これは何万年のものというのを全部突き止めていきます。もし、僕が1カ所間違えたら、そこから向こう側が、全部やり直しになる。ノーミスじゃないといけないんです」（中川さん）

　その傍らで、稲野辺さんが、配置をデザインしていった。

「中川先生に、レベルファインダーという先生の自作アプリをもらって、この縞は何万年のものみたいなことをミリ単位でたどって、全部図面を起こして、年縞ステンドグラスを留める金具の穴を開けていきました。ちょっとでもずれたら、全部ずれていくので結構大変な作業でした。でも、自分でも謎のこだわりがあって、半分意地になってやっていましたね」（稲野辺さん）

　45メートルもの展示を、何日もかけてミリ単位で正確に納めていく。その場に立ち会っていた山根さんは、終わった時の光景をよく覚えている。

「年縞ステンドグラスが正しく全部納まった時、みんなから万歳の声が上がりました。誰もが喜びに満ちた表情でしたね」

　完成した年縞ステンドグラスの展示は非常にシンプルだ。保護するためのガラスカバーなどもなく、そのまま生で展示壁に掛けられている。ところどころにスマホで説明が見られるQRコードがあるものの、説明パネルの類は一切ない。素っ気ないほどシンプルな展示だが、さりげなく稲野辺さんが施したデザインがいくつかある。

「年縞ステンドグラスの照明は、最初は後ろから光を当てるバックライトを考えていました。でも、それだと年縞そのものは見やすいのですが、周辺のアラが目立ってきれいには見えない。それで、試行錯誤をして、年縞ステンドグラスの厚みが5ミリあるので、横から光を当てるエッジライトにしたらきれいにいきました。

　それと、年縞ステンドグラスには、白いペイントで手書きの整理ナンバーや注記などが

年縞ステンドグラス。1年分0.7ミリの層が上下でピタリと合っている

年平均気温　3.9℃
年間降水量　1421mm

スギ
ヒノキの仲間
ツガ属
マツ属
モミ属
トウヒ属
カバノキ属
コナラの仲間
ハンノキ属
クマシデ属
ブナ属
アカガシの仲間
シイ属・マテバシイ属

| 湿った 針葉樹と広葉樹の林 | 乾燥した 寒い針葉樹林 | 湿潤で 涼しい落葉樹林 | 湿潤で 暖かい常緑樹林 | 里山の林 |

4
万年前

3
万年前

2
万年前

1
万年前

5000
年前

500
年前

現在

入っています。普通なら小さなプレートで表示するのですが、それも中川先生がいやだとおっしゃるので、中川先生に手書きしていただきました。かえって、研究資料としての本物感が出たと思います」

開館日の前日、建設にかかわった関係者が集まって、館内でささやかなパーティが開かれた。技師のケラーさんもドイツから駆け付けた。

「ミヒャエルさんは、年縞ステンドグラスの展示をひと目見て、鳥肌が立つほど感動したんです。それで、次の瞬間には泣きだした。最初の感動が収まってみると、あちこちに出来の悪い部分が残っているのが目につき、悔しくて泣いていたんです。彼の気持ちが弱っている時期ではありましたが」と中川さんは笑う。それほどまでに、みんなが真剣に取り組んだプロジェクトだった。

その中川さんは、本来は地層の研究者ではなく、気候変動の専門家だ。地層に埋もれた花粉を採取し、過去の地球環境を解き明かしていく。今でも、毎日、顕微鏡を覗き込み、2,000〜3000個、100種類くらいの花粉を見分けていく。いわば、年縞の採取は、その研究のための準備にすぎない。準備のために、"世界標準ものさし"をつくってしまったともいえる。そして年縞は、過去の地球環境だけでなく、間接的にだが、未来の地球環境も見通せる可能性があると中川さんはいう。

「今、地球の未来予測は、コンピュータの中に地球を丸ごと再現して、仮想空間で時間を早送りしたり巻き戻したりすることで、過去や未来の状態をはじき出すということをやるんです。でも、コンピュータの中に再現されている地球は、観測によって僕たちが知り得た地球なんです。人間が気象観測を曲がりなりにも始めたのはルネサンス期で、全球をきちんと覆うような、衛星による観測ができるようなったのは、わずか50年前のことです。だから、最近の50年、長く見ても数百年のことしか、僕たちは知りません。

この年縞のギャラリーは7万年の長さがありますけど、この中にすごくたくさんの気候変動がある。本当に信じられないような気候変動がありますけど、最近の50年、100年に限っては、たいしたことは起きてない。たいしたことが起きてない時代のデータを参照してつくったコンピュータ上の地球ではなくて、人間が観測したことのない、たくさんの気候変動をきちんと入れ込んで、地球というのはこういうものというイメージをつくって、その情報をもとに未来のことを計算しないといけない。そういう意味で、現在使われて

館内には、立命館大学古気候学研究センター福井研究所を併設

　いる気候モデルは、かなり不完全なものなのです。将来的には、そこに年縞のデータが、間接的に貢献していくだろうと思います。僕は、"ものさし"という道具を提供しただけですから、それを使って誰かがやってくれるでしょう」

　年縞博物館は、決して訪れやすい立地ではないにもかかわらず、2018年の開館以来、来館者はすでに20万人を超えそうな勢い。7万年分の本物の年縞に感動した子どもたちのなかから、未来の地球環境の予測モデルに挑む研究者が現れるのかもしれない。

（2022年9月取材。記事の肩書きは取材時のものです）

90年前の小学校を
世界が憧れるヘリテージホテルに

ザ・ホテル青龍 京都清水 ———————— 京都・東山区

歴史的な資産に新しい価値を吹き込み、その思い出とともに未来に引き継いでいく。
手間や費用はかかっても、地域の文化を継承することは、
新たな文化を生み出す土壌を豊かにしてくれる。
和のイメージが強い京都にあって、90年前の洋館で洋と和を出合わせる。
そこには見たこともない空間があった。

観光客が行き交う清水坂の小学校

京都・東山。

青空の下、オープンエアのルーフトップバーに座ると、市街地から三方を取り囲む山々まで、京都盆地を一望する大パノラマが広がる。あちらこちらに寺院の伽藍が遠望でき、すぐ目の前では、京都のシンボルのひとつである法観寺「八坂の塔」が存在感を放つ。

夕暮れともなれば、夜空に浮かび上がる八坂の塔と市街地の夜景とが競演。きらびやかだけど風情ある古都の顔が現れる。ひっそりとした上質なバーがたくさんある京都にあって、ここほど京都ならではの解放感にあふれた心地いい空間はちょっと見当たらない。

このルーフトップバー「K36 The Bar & Rooftop」があるのは、「ザ・ホテル青龍 京都清水」の屋上。清水寺へと続く清水坂の途中にあるホテルだ。そしてこのホテルは、元京都市立清水小学校の校舎を改装したホテルとして、京都市民にはよく知られた存在だという。

京都市は、統廃合によって空いた学校跡地の再開発を進めてきた。福祉施設やこどもみらい館といった公共性のある施設を優先してきたが、2011年には民間活用にも道をひらくことを決定。2015年から事業者の募集が始まり、その第1号として公募されたのが清水小学校の跡地だった。

清水小学校は1869年（明治2年）に開校し、1933年（昭和8年）に現在の場所に移転。その際に伝統的な和風の木造校舎ではなく、スパニッシュ瓦にアーチ窓のモダンな鉄筋コンクリート校舎となり、90年近くもの間、地域のシンボルとして親しまれてきた。周辺住民には卒業生も多い。

公募には10社が手を挙げ、住民代表の委員も入った審査の結果、NTT都市開発の提案が採用となった。NTT都市開発・京都支店の河野勝己さんは、公募に参加したのは、ロケーションと建物の魅力が大きかったからだという。

「清水寺が近いですし、京都市内が一望できる抜群のロケーションだということ。それから、校舎が昭和初期のもので、歴史ある建築だということ。京都

NTT都市開発・京都支店 副支店長
河野勝己さん

目の前に八坂の塔を望む増築部の客室。人気が高い

市さんがつくられた建築ですけど、デザイン性がすごく優れている。これを活用してホテルにすればすごくいいだろうなという判断で、そのまま校舎を使ったホテルを提案しました」

　地元で長く親しまれてきた小学校だけに、NTT都市開発のプランは地元を重視したものだった。

「地元にとってはコミュニティの中心になるような、かけがえのない小学校だったんですね。京都市への提案でも、敷地の一角に自治会館の整備を入れました。うちに決定した後は、既存校舎をそのまま活用してホテルをつくりますという地元説明会も行いました。住民の皆さんの反応は、いいホテルにしてくださいという前向きなものでした」（河野さん）

　その当時で閉校からすでに5年が経っており、思い出深い校舎も放っておけば朽ちて、取り壊しになる。建物をそのまま保存して、新しい施設に生まれ変わらせることは、地域住民には歓迎されることだったという。

　とはいえ、90年近くも経った校舎を、建物はそのままに改装することは容易ではない。建物がかなり傷んでいたことに加え、そもそも校舎のつくりなので、ホテルとしての運営に不可欠な導線や、空調・配管のスペースなどが皆無だったからだ。

　それをどうやって、ラグジュアリーホテルに仕立てるのか。プロジェクトに加わっていたコンサルタントは、長年の付き合いがある乃村工藝社A.N.D.のエグゼクティブクリエイティブディレクター、小坂竜さんに声を掛ける。小坂さんは、ホテル、レストラン、商業施設などで数々の受賞歴があり、空間デザインの世界で知られたデザイナーだ。

乃村工藝社A.N.D.
エグゼクティブクリエイティブディレクター
小坂 竜さん

　プロジェクトに参加し、初めて現地を訪れた小坂さんは、思わずうなったという。

「いやあ、もう建物がぼろぼろで、大丈夫かなあと。それに周りが住宅地なんですね。物干しの洗濯物は見えるし、墓地もある。なので、ここでどうつくっていくのか、正直なところ最初は悩みましたね。

　でも、立地そのものは、すごくいいなと思いました。建築的にチャーミングですし、八坂の塔があって借景も魅力的。借景のいいところを利用して、そうじゃないところは、例えば曇りガラスで明かりだけを取る

ようにして、ホテルのゲストたちの視界を制御すれば、ホテルらしい空間に仕立てていくことはできるなと思いました。

　それで、建物の中をくまなく歩きまわって、見せるところ、見せないところを決めていきました。見せるところは、どうすれば、よりよく見せられるのか、ひとつずつプランを練りましたね」

「視界の制御」は、実際の建築プロセスにおいて、建物の配置、建築設計、内装デザイン、家具デザイン、植栽に至るまで、あらゆる場所のあらゆるレベルで徹底されることになる。それは、ひとつには、世界観のある質の高いホテル空間を構築するためであり、もうひとつは、元の校舎の美しいデザインを最大限に活かすためだ。

　例えば外観ひとつとっても、清水坂からホテルに入るアプローチでは、正面にホテルの建物と八坂の塔だけが見えるようにし、コの字形校舎のテラスからは、別棟レストランの屋根瓦越しに京都の山並みと沈む夕日だけが見えるようにした。建物が密集するエリアにありながら、視界に"雑音"が入らず、リゾートホテルのような伸びやかさを感じさせるのはこのためだ。

使える部材は再生し、すべて活用

乃村工藝社・ビジネスプロデュース本部 第二統括部
都市複合プロジェクト開発部 第1課 ディレクター
萠抜 徹さん

　工事は、まず校舎の躯体（くたい）修復から始まった。乃村工藝社のディレクターで、資材の調達や建設会社との調整にあたった萠抜（はえぬき）徹さんは、作業は主に「再生」と「複製」だったという。

「90年近く経った建物なので、かなり崩落している場所もありました。外してみて、まだ使えそうな部材なら再生して使う。使えなそうなら、同じものを複製します。エイジング処理をして、古い部材と見分けがつかないようにしてね。タイルはほとんど複製になりましたが、軒下の飾り腕木は9割くらいが再生で

清水坂からホテルゲートへのアプローチ。建て込んだ街なかとは思えない

ルーフトップバー。明るい時間、夕暮れ時、夜と京都の表情を楽しめる

いけました。屋根瓦も、50％程度再利用できました」

　ちなみに、外壁は大半が再生。巻きついているツタや長年たまった汚れを取り除き、洗い出しをしてから傷んだ部分を補修したという。

　躯体修復作業と並行して、増築部分の設計が進められた。校舎の床面積のみでは、ホテルとして必要な広さが確保できないからだ。再開発にあたっての条件や景観規制上の難しさがあり、小坂さんは建築家と悩みながら進めたという。

「増築部分は、すでに大まかな平面図はありました。それを設計する段階で、僕がディレクションさせてもらって、知り合いの建築家をアサインして、一緒に詰めていきました。

　この再開発は、建物を残すという条件で認められたのですが、この条件や景観規制がかなり厳しい。増築部分の窓の高さなんかも自由にはならないんです。特に難しかったのは、"増築する部分は主張してはいけない"ということ。つまり目立たないものにしてくださいというわけです。元の建物が、オリジナルの形でちゃんと保存されているように見えなければならない。だから、元の校舎と同じ色や素材は使えないんです。

　でも、目立たないという概念はとても難しい。さんざん議論した結果、増築部分は、すべて黒い平らな箱にしました。夜になってライトアップすると、増築部分はブラックアウトして、元の校舎だけが浮かび上がって見えるようになっています」

映り込みで、美しさへ視線を誘う

　建物の内装では、オリジナルのデザインを保存・活用しながら、いかにホテルとしての機能を満たし、世界観をつくり上げていくのか、外観以上に難題だった。

　ホテルとして必要な設備や使いやすさをつくり込むために、現在、ザ・ホテル青龍 京都清水の総支配人を務める広瀬康則さんは、開業の2年前からプロジェクトに参加していた。

「最初に見た時は、ほんとにこれがホテルになるのかなって思いました。教室を改装しているので、同じ部屋がひとつもないんです。45平方メートルだったり45.6だったり47だったり。梁の場所が違ったり。教室2つで3部屋くらいをつくっていますから。

ザ・ホテル青龍 京都清水 総支配人
広瀬康則さん

部屋の形が違うとオペレーションがやりにくいですし、部屋の家具類も同じものが使えません。それに元々が校舎なのでバックスペースがない。例えば職員室もみんなから見える構造です。やはりそこをクリアするのが大変でしたね」

元の校舎を活かす以上、部屋の形から生じる課題などは個別に解決していくことにして、小坂さんは、部屋の内装デザインのコンセプトを2種類設定した。

「京都で手掛けるプロジェクトは、やはり和風の建物が多いんですが、今回は洋館、まして小学校なので、あまり既存で参考になるものがないんですね。それで、京都に来た日本人も外国人も、京都の和ではなく、京都の歴史を感じるプレステージの高い部屋にするには何が必要なのか、とにかく想像していきました。

客室には、元教室だったものと、増築棟のものと、2タイプがあるのですが、両者でデザインのコンセプトを変えました。元教室の部屋は、建物の西洋的なディテールをなるべく残して、そこにちゃんと視線がいくようにしました。その上で家具やアートで、ヨーロッパ的な匂いを出したり、京都風というか和風のものを使ったり、そういったものを交ぜていきました。

増築棟の部屋は、モダンなデザインにして、例えば扉を開けると草木染のスクリーンがあったりと、モダンなところに日本的なディテールを入れていきました。

今回は、最初から決め込んだ作戦はまったく通用しないなと思ったので、元教室の部屋と増築の部屋とをちゃんと分けて、別個にアプローチしていけば、今までみんなが体験したことのないような空間ができるのかなって、手探りで見つけていく感じでした。洋と和をミックスしていく、そのミックスの度合いを部屋によって変えていくことが最終的にデザインの手法でしたね」

校舎の美しいディテールを残し、そこに視線が向くようにする。そのために、今回、小坂さんが用いた手法のひとつが、映り込みを利用することだった。

教室を改装した客室。クラシカルな洋と和の要素を融合させた

レストランは図書室をイメージ。上段に草木染のブックカバーが並ぶ

「校舎の元の意匠が美しいので、それを活かしてなるべく引き算でつくりました。例えば、廊下の天井には、おびただしい量のダクトや電線を設置しなければなりません。そうすると天井が下がってきて、すごくきれいな元の廊下を台無しにしてしまう。それで、天井に黒いツヤのある板を張って、床の意匠を映り込ませました。下がってくる天井そのものの存在を消したんです。

　同じように、客室を仕切る壁は半光沢の白いものにしました。元からの美しい窓や天井の意匠が映り込んで、壁として主張しなくなる。ツヤのある壁って、建築的にはあまり使わないものなんですけどね」

　洋と和とをうまくミックスし、京都の歴史や伝統を感じさせる。元からある美しさを活かし、それ以外のものは存在感を消していく。こうした手法は、客室や廊下に限らず、館内のあらゆる場所で用いられた。

　天井が高い大空間の2階レストランは、小学校の講堂だった場所。天井は元のものを再生し、桟が入った大きな窓もそのままの形で再生した。席に着くと、テーブルの天板には、天井の意匠や窓からの光が映り込む。

　ライブラリーをイメージして、仕切りのように配置した本棚には、上段は草木染の大き

当時の雰囲気を伝える廊下。床の意匠を天井に映り込ませ、配管を隠した

なブックカバーの列。その下には、京都の歴史や伝統の関連書籍が並ぶ。ノスタルジックな照明や家具も配置され、あたかも歴史あるクラシックホテルであるかのような空間になっている。

　館内の装飾や小物の選定には、京都の美に精通した専門家の協力を仰いだと小坂さんはいう。

「京都でギャラリーを運営されている女性がいて、彼女にアートワークをお願いしました。ずっと京都で育った、京都の工芸とか美術に詳しい方です。一緒にディスカッションしながら、館内の装飾や飾ってある小物を決めていきました。京都ならではの奥行きを出したかったので、彼女の懐の深さでうまくバランスが取れました」

オリジナル家具で館内を満たす

　さらに、館内の世界観をつくるのに大きな役割を果たしたのは、オリジナルの家具類だ。担当したのは乃村工藝社A.N.D.のデザイナー、佐野香織さんだった。

「私の役割は、内装のデザインが決まった段階で絵をもらって、そこに家具を落とし込んでいくことでした。ひと部屋ひと部屋が本当に違う形をしていて、サイズも違ったので、そこの調整が大変でしたね。

　既存棟と増築棟とで、部屋のデザインコンセプトが分かれていましたので、既存棟は、元の窓や装飾を活かしながら、基本的にモダン家具をベースにして、アクセントとしてちょっとした装飾、プリーツの照明だったり、ナイトテーブルを装飾が入ったデザインにしたりして、バランスを取りました」

乃村工藝社
A.N.D.宮里ルーム デザイナー
佐野香織さん

　佐野さんは、他のデザイナーの協力を得ながら、場所ごとのデザインテイストやサイズに合わせて、次々と家具をデザインしていった。その数は、館内すべての家具の7割にも及んだ。

「一般的にホテルでは、耐久性やコストの面から、オリジナル家具を制作することはよく

ルーフトップバーに続く4Fのバー。元は天窓のある教室

階段はタイルを復原。手すりの傷に生徒たちの痕跡が

行われます。ただ、今回は、同じ家具をたくさんつくるのではなく、部屋のデザインと形、そしてサイズに合わせて、テーブルや椅子、ナイトテーブル、ベッド周りの家具など、きめ細かくデザインしていきました。

　デザインで意識したのは、全体的にちょっとノスタルジックな家具というところなのですが、絶妙な曲線をつくるのが難しかったですね。ゲストラウンジにも椅子がいくつか入っていますけど、その椅子も脚の曲線に苦心しました。椅子は、けっこう寸法感が厳しいので、全体的に難しかったです。出来上がったものの、座り心地が納得できなくて脚を切ったり、そもそも予定した場所に収まらなくて、つくり直したこともありました」

　家具が予定した場所に納まらないのは、寸法を間違えたからではない。古い建物だけに、実際に施工してみたら、図面とは寸法が違うということがいくらでもあったと、乃村工藝社チームの萠抜さんはいう。

「建築図をもらって、それを基に図面を描くんですが、現場に行ったら壁の位置が全然違うとか、いっぱいありましたね。古い壁なので、経年変化で厚くなったりしていたんです。すると納まるはずの家具が入らない。壁が先にあるわけですから、家具をつくり直すしかありません。CADで図面を描くんですけど、実測値ではないので、実際の寸法は違っていることも多いんです。今さらどうする、みたいなタイミングで発覚することが結構ありました」

　小坂さんが、「本当に、しょっちゅう東京から来て、しょっちゅう寸法を測って、しょっちゅう図面を描き直している感じだった」といえば、萠抜さんは、「工期が進むにつれて、建物と内装との納まり具合がシビアになって、最後の数カ月はずっと詰めっぱなしでした」というほど、想定外のことが起きる現場だった。

　もうひとつ、別の苦労があったのは、このホテルのシンボルでもあるルーフトップバーの設置だった。

「最初に来た時、屋上に上がったら、めちゃくちゃ汚かったけど、めちゃくちゃ景色がいい。やはり八坂の塔がすごく近いので、ここをホテルの価値にしない手はないと思いました。僕らが参加した時にはすでにルーフトップバーというアイデアはあって、それを僕らが図面化して具体化していきました」（小坂さん）

　しかし、実現には建築法規上、食品衛生法上、近隣対策上のハードルがいくつもあっ

夜のルーフトップバー。八坂の塔のシルエットが美しい ©仲佐猛(ナカサアンドパートナーズ)

た。NTT都市開発の河野さんが語る。

「天候で営業が左右されないよう、最初は屋根を付ける計画でした。しかし、屋根をつくると建築基準法上の高さ制限を超えてしまう。でも、屋根と壁がないと、食品衛生法上、調理はできない。結局、屋上に、ごく小さな箱型の調理場をつくりました。

それから、近隣の方から、屋上から見下ろされるのではという心配の声が出てきました。それで、ルーフトップバーの周りを全部植栽にして、この高さの植栽があるので見下ろすことはできませんと、近隣にご説明しました」

こうした諸問題をクリアした上で、小坂さんが印象的な楕円カウンターをデザインした。

「シンボルをつくりたかったんですね。みんなが集まるような。八坂の塔が夜空に浮かぶのがすごくきれいだし、そんな場所に人が集まってもらえるよう意識して造形しました」

「記憶を刻み、未来へつなぐ。」

結局、乃村工藝社チームは、家具や照明、ディスプレイまで含めた広い意味での内装はもちろん、ホテルスタッフのユニフォームやネームプレート、アメニティ類に至るまでをデザイン。館内をオリジナルデザインで埋め尽くしていった。

そして2019年9月。3年半をかけたザ・ホテル青龍 京都清水は完成し、運営会社である西武・プリンスホテルズワールドワイドに引き渡された。建設中からプロジェクトに参加していた総支配人の広瀬さんは、感慨もひとしおだった。

「初めて開業をやらせていただいて、建物の引き渡しを受けた時には、正直、かっこいい素敵なホテルだなと思いました。関係者のみなさんの前で、素晴らしいものをつくっていただいたので、あとはわれわれで魂を入れますって宣言したんです。で、少しずつ魂を入れられたかなと。

うれしいことに、まだ開業して2年ちょっとなのに、もう10回以上も訪れてくれるリピーターの方がいらっしゃいます。ハードの魅力があるんですね。48室という小さなホテルですので、それだけお客さまに深く接することができます。ザ・ホテル青龍 京都清水だからこそできることが、たくさんあると思っています」

ホテルのフロントロビー。高田賢三さんのファブリックも使われている

ホテルの開業に先立って、地元関係者への内覧が行われた。小坂さんが、もっとも嬉しかったのは、地元の方々が褒めてくれたことだという。

「この学校の卒業生のおじいちゃん、おばあちゃんがいらして、"私、ここの階段で"とか"私が小学校の時は"とか、僕に思い出を話してくれるんです。それで、私たちの学校をこんな風に残してくれてと感謝される。観光客のためだけではなくて、地元の人たちと共存共有し、誇りに思ってもらえる施設をつくるという、僕らの一番の目標が達成できたような気がします」

　実際、観光客のほかに、地元の利用者は多いと広瀬さんはいう。

「2階のレストランは、地元の方のクラス会で貸し切りが多いです。たいてい館内をひと通り見学していただいてから食事会という流れですね。来ていただいた方たちに昔話を聞いて、それを新しい人たちに伝えていく。歴史の伝承じゃないですけど、それがすごく楽しいです」

　NTT都市開発が京都市に提案した開発コンセプトは、「記憶を刻み、未来へつなぐ。」だった。その想いは、このヘリテージホテルの空間で、確かに息づいている。

（2022年8月取材。記事の肩書きは取材時のものです）

緑茶をコンテンツに
地域のにぎわい拠点をつくる

KADODE OOIGAWA ——————— 静岡・島田市

地域のなかに埋もれた価値あるコンテンツを
外からの目で掘り起こし、地域の人々と一緒に磨き上げていく。
大切なのは、プロジェクトに参加する誰もが、
自らの夢、地域の夢を語り合い、
それを実現する楽しさを思い描くこと。
意志ある夢は形となり、どこまでも続いていく。

行政、JA、高速道路、鉄道が手を結ぶ

　島田市は、静岡県の中部、大井川に沿って海から20キロメートルほど内陸に入った街だ。かつては、東海道の難所、大井川を渡るための宿場町として栄えた。現在では、全国有数の緑茶の産地として知られ、美しく広がる茶畑のなかを、大井川鐵道のSLが走り抜けていく風景は、地域のシンボルでもある。

　その島田市に、"緑茶・農業・観光の体験型フードパーク"の構想が持ち上がったのは2015年2月だったと、島田市産業経済部の田中義臣さんはいう。

「2012年に新東名高速道路が開通して、島田市には島田金谷インターチェンジができました。静岡県中部の新東名は、ほとんど山間部を通っていますので、インターチェンジの周りが平野になっているのは、この辺りだけなのです。

島田市産業経済部
部長
田中義臣さん

　ちょうど2014年から、静岡県が内陸部の活性化を図る施策を拡大して、この地域も"内陸フロンティア推進区域"に指定されました。農地を転用して商業開発できる可能性が出てきたんです。それで、島田市、JAおおいがわとの間で何かできないかという相談が始まり、そこにインターチェンジ周辺を開発したいNEXCO中日本が参加。さらに大井川鐵道にも声を掛け、4者で開発プランを検討する会合が持たれました」

　4者の取りまとめ役として、トコナツ歩兵団の団長であり、プロデューサーの渡部祐介さんに話が持ち込まれた。トコナツ歩兵団は、プランナーやデザイナー、建築家、Webディレクターなど、25人ほどが名を連ねるクリエイター集団だ。渡部さんが語る。

面白企画創造集団・トコナツ歩兵団
団長 プロデューサー
渡部祐介さん

「僕は当時、NEXCO中日本では新規事業のコンサルティングを手掛け、島田市では"島田市緑茶化計画"というシティプロモーションの計画を練っていました。それで、NEXCOと市の双方から、4者会議

マルシェは、観光客だけでなく、地元の利用者も多い

をまとめてくれないかという話をもらったんです。2015年の8月に、2016年春までに構想をまとめたいとオーダーを受けたのが始まりでした。

　それで、4者に集まってもらって、全部で3回のミーティングをしました。プラスの意見以外はいわない、やりたくないんだったらこの場で解散しましょう、といった話からスタートして、みんなで、絵を描いたんです。施設の中にSLを通そうとか、それぞれの夢物語を語り合って、その結果、4者が手を結ぶことができました。最初の話では、そこまでが僕の業務だったのですが、後日、基本計画をつくってくれないかとオーダーを受けたんです。2016年の4月でした」

　計画づくりの依頼を受けた渡部さんは、チーム編成に取り掛かる。個人のネットワークを活かして人材を探していくなかで、乃村工藝社のプランナーである乃村隆介さん、デザイナーの田村憲明さんと出会う。

「ベストな人材を選びたいと、当時、乃村工藝社にいた友人に声を掛けて、乃村工藝社のなかで30代の一番いい空間デザイナーとソフトのプランナーを紹介してほしいって頼んで、それで彼らに出会いました。乃村工藝社という会社に仕事を発注したつもりはなくて、あくまでもこのお二人に仲間に入ってもらったという感覚なんです。

　常にトップクリエイターと仕事がしたいですから、KADODE OOIGAWAでも、この大規模な商業施設の空間をガッとデザインできる田村さんと、ソフトをプランニングできる乃村さんを紹介してもらって、一緒にやろうよって。最初は相当に怪しまれましたけど（笑）」（渡部さん）

"緑色"は"茶色"!?

　こうして立ち上がったプロジェクトチームは、まず地域が持つコンテンツの洗い出しから始める。製茶工場を見学したり、東京へ出かけて最新の飲食ビジネス事情を見学したりもした。その狙いは、地域のメンバーと、地域外から来たメンバーとが、お互いの感覚を擦り合わせる作業でもあったと、乃村さんはいう。

「静岡エリアでは、緑色を茶色っていうんですね。緑は緑茶の色だから。それで、われ

茶畑のベンチ。イベントスペースにもなる

乃村工藝社
クリエイティブ本部プランニングセンター
新領域創発部
プランナー／クリエイティブディレクター
乃村隆介さん

われが思っている茶色は、こちらでは土色っていう。そういう面白い話がいっぱいあって、静岡の当たり前をコンテンツ化していくことが、意外に外から見ると面白いんじゃないか。だから、ベタかもしれないけど、取り上げるべきコンテンツはお茶なんじゃないのといった話を最初にして、お茶とSLは絶対にブラしちゃいけないねっていいました。やはり僕らが入っていく意味は、外の目を持ち込むということですから」

　島田市は、農地の6〜7割が茶畑。市の基幹産業であるにもかかわらず、あまりにもお茶の存在が当たり前になっていて、コンテンツ化の発想はなかったと、島田市の田中さんはいう。

「島田市が渡部さんにお願いして、シティプロモーションとして"島田市緑茶化計画"を提案していただいた時も、いまさらなにっていうのが正直な反応だったんですよ。でも、外から見ると、茶色の話じゃないけれど、やっぱりお茶だよねって。だから、外に情報発信するのであれば、お茶でいくのがいいと渡部さんがすごく説得されて、みんな、あ、なるほどと思ったんです。それが、KADODE OOIGAWAともつながっているんですね」

　渡部さんは、島田市民のお茶好きに、いまでも驚かされるという。

「東京で緑茶縁日というイベントをやった時は、島田市からスタッフが10人くらい来てくれたんですけれど、裏の休憩スペースで、みんな持参の水筒で緑茶を飲んでいる。それから、地元でイラストレーターたちと子ども向けのワークショップをやった時は、サイダーとかジュースとか、甘い飲み物をいっぱい用意した。でも、はい休憩っていうと、子どもたちがジュース類を全く飲まない。全員がたまたま差し入れであった緑茶を飲む。やはり僕らからすると、面白いほどに緑茶が好きだから、"島田市緑茶化計画"もKADODE OOIGAWAも、これをうまく出していこうということなんです。

　KADODE OOIGAWAの計画をまとめるにあたって、JAおおいがわはファーマーズマーケットのような直売所をつくりたい、島田市は、新東名のインターチェンジを降りてすぐのところに、大井川上流の観光地に向かう客を呼び込む"にぎわい拠点"をつくりたい、NEXCO中日本は、高速道路の外にサービスエリアとは違った魅力がある拠点を持

新東名高速のインターを降りるとすぐ目の前。アクセスのよさも特徴

ちたい、大井川鐵道も駅をつくるかどうかは別にして、1つの大きな交通ハブとなる拠点にしたいと、4者の想いが割とピシッとしてきたので、2016年秋に、農業振興と地域振興とを柱にした基本計画をまとめました」

　基本計画を関係者が理解し、地域で広く共有してもらうために、乃村工藝社チームがコンセプトブックを作成した。

「基本計画を発表した時につくりました。関係者がどんどん増えてくるので、コンセプトブックがあったほうがブレないよねということで、いちばん最初につくりました。渡部さんが中心になって、みなさんが、あれやりたいこれやりたいと夢を語ってくれたので、僕のほうで、現実的にこういうことだったらできそうだよね、ということを一度まとめさせていただいたものです。

　もともとの地域の課題は、お茶の生産量が減っている、消費量も減っちゃっている。そこをどういうふうに回復させていくのか、それと観光需要をどうつくっていくのかということ。目的はそこにあって、その手段として、地域で楽しめることや、この施設で体験できることを考えていくという感じです。さらに、子どもたちの未来をつくることをちゃんと考えましょう、子どもも大人も楽しめる施設にしましょうという視点も入れました。

　それで、みなさんから出たアイデアを整理して、"全ての人に、お茶と、野菜と、ワクワクを"提供できる具体的なプランを抽出しました。煎茶粉末おにぎりをつくろうとか、お茶の手もみを体験してもらおうとか、近くの畑の野菜を食べてもらうとか、買う、遊ぶ、食すのプランが100本で"100のお茶時間"。今、振り返ってみれば、大半が実現していますね」(乃村さん)

「緑茶はタダ」から脱却しよう

　基本計画はできたものの、お茶のコンテンツ化はハードルが高く、プロジェクトチームは知恵を絞ることになる。重要なのはマネタイズの視点だった。

「僕らは、緑茶をマネタイズしたい。緑茶をラーメンと掛け合わせようとか、緑茶をハンバーガーに掛け合わせようとか、お茶漬けって出汁を使うけど、やっぱそれ緑茶だろう

とか。製茶工場の機能をアトラクションにしようよとか。ひとつずつ緑茶と掛け合わせて、それをマネタイズすることを考えました。

　地元の人の感覚だと、緑茶はタダで飲むものなんですよね。でも、丁寧に淹れたコーヒーが1杯450円だったら、丁寧に淹れた緑茶も450円であるべきでしょう。これだけのお茶をみんな頑張ってつくって、1杯100円とかタダというのは、もうやめましょうよと。全部お金につなげましょうと。緑茶でお客さまにお金を払ってもらえるものを、みんなでつくろうと、お茶のコンテンツをずっと追いかけていきました」(渡部さん)

　外からの視点が加わったことで、発想が広がったと、もともとはJAおおいがわの職員で、現在はKADODE OOIGAWAの取締役を務める岡本正寛さんはいう。

「違う発想が持ち込まれたことは、JAがいちばん強く感じていました。地元の自分たちが普段持っていない感覚があって、当たり前のことをブレずに、何をどう中心に据えてやっていくのか、その道筋を立ててくれたのが非常に大きかった。

　そこに専門家の意見を入れながら肉付けしていったところがあるので、どちらかというと、この地域の日常なんだけど、それをどう形に変えるかっていうことでした。日常にあるものと、外から見たものを融合していただいたんですけれど、今まではJAがやってきてなかったことができたというか、踏み出す第一歩になりました」

　そのJAのお茶担当者も参加して、知恵を絞ったのが、緑茶の魅力を、いかにして手軽に分かりやすくお客さまに伝えるかだった。当時、JAおおいがわが扱う緑茶は100銘柄。素人には、なかなか違いが分からなかったと乃村工藝社の田村さんはいう。

「基本は、やはり自分好みのお茶を探すことを体験

KADODE OOIGAWA
取締役
総務・経営企画部 部長
岡本正寛さん

乃村工藝社・クリエイティブ本部 第二デザインセンター
デザイン3部 田村ルーム ルームチーフ
デザインディレクター
田村憲明さん

館内のシンボルでもある16本の"茶柱"。お茶の個性が説明されている

©ナカサアンドパートナーズ

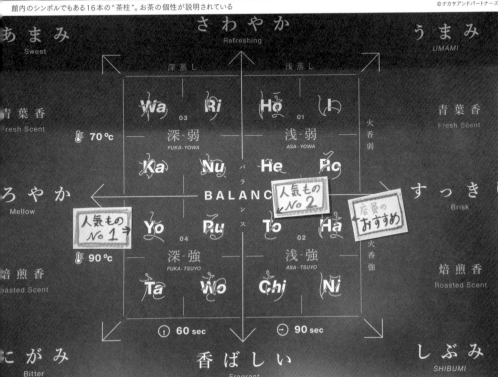

誰にでもお茶の違いを楽しめるよう、新たに16種類の味わいを開発した

好みのコンセプトティーを選ぶと、ティーバッグとボトルとが渡される

大きな容器で茶葉を十分に開かせてから、持ち歩きボトルへ移す

化したかったんです。それで、違いがよく分かるようなコンセプトティーをつくることにしました。緑茶は、蒸し時間の長さで深蒸し、浅蒸しがあり、火入れの強い、弱いで火香が違ってきます。その組み合わせで緑茶の個性が決まってきます」

　渡部さんが続ける。

「島田市緑茶化計画では、コンセプトティーとして大まかに縦横2つの4分割のマトリックスで分類しました。より多くの事業者さんに参加してもらうためです。JAさんは単独事業者なのでもっと攻められる。それで、JAさんにお願いして、100銘柄をマッピングし直してもらいました。そうしたら5×5の25分割までいけそうでしたが、違いが微妙すぎて分かりにくい。JAさんのスタッフに、蒸しや火入れをいろいろと工夫してもらって、結局、4×4の16分割でコンセプトティーが出来上がりました」

　そのコンセプトティーの飲ませ方にも、議論が続いた。

「地元では、お茶は急須で入れて、湯飲みで飲むというのが定番でした。でも、急須離れというか、生活スタイルが変わってきていて、急須を持たない家もある。どうしたら、手軽に、楽しく、おいしいお茶を飲めるかという議論のぶつかり合いが、1年ぐらい続きました。JAの若い人を集めて、そこを追求する議論をして、結論的には、急須はもう考えないようにしよう、どう手軽に飲むかを考えようというところに収れんしたんですね。それをプロジェクトチームが、うまくデザインとか形にしてくれました」（岡本さん）

　プロジェクトチームが開発したのは、オリジナルのティーバッグとボトルだった。

「地元は、基本的にティーバッグには否定的だったのですが、どうしたら茶葉が開きやすいティーバッグができるかをみんなで考えて、オリジナルのティーバッグをつくりました。コップも、紙コップだと紙の匂いが強いって地元の方が嫌うから、オリジナルのボトルを、それこそ1ミリ単位でサイズを調整してつくりました。手持ちで、最低限飲んでほしい量がだいたいお茶わんに1杯分。ただ、ホットとコールドでは湯量が違う。あと、持ち歩いてほしかったので、それらを勘案して、まずこのボトルのサイズが決まりました。そのボトルに合わせてお土産用の茶葉の仕様も決めていきました」（渡部さん）

　そのボトルとコンセプトティーのティーバッグを使い、館内でお茶の奥深さを体験する仕組みも考えられた。

「お茶の種類だけではなくて、抽出する温度と時間とで、味わいが変化することへの気

緑茶ツアーズ。自分が「茶葉」に変身して、「蒸す」「揉む」など製茶工程を体験する

付きを軸に据えたくて、緑茶のスタンドをつくろうという話が始まりました。ボトルに自分好みのお茶をつくって、それを持ち歩きながら館内散策をしてもらい、緑茶スタンドに再び来てもらえば、お代わりは200円。ボトルをリユースしながら、安い値段でまた緑茶を楽しめるというサイクルをつくりたくて、その仕掛けがボトルであり、緑茶スタンドなんです」（田村さん）

コンセプトティーの開発のために、JAおおいがわで100銘柄のお茶をマッピングする際、乃村工藝社にも100銘柄のお茶が送られてきた。社内で試飲してみたものの、それぞれに違うということは分かっても、違いを整理することはできなかった。

「100銘柄もあるのはすごいことだけど、買う側の視点に立って考えてみてください。分からないから買わない、ということになるので、例えば、100種類は多いから20種類ぐらいにしませんかと。そういう話から始めて、結果的にこの形に落ち着いたという感じですね。そんな外からの視点で、僕らはずっと話してきました」（乃村さん）

緑茶 B.I.Y. スタンド。16種の茶葉×温度×時間により味・香り・水色の変化を楽しむ

レストランの目の前にSLを停めたい

　体験スタンドやお土産など緑茶をめぐる新しい飲み方提案、製茶工場をテーマにした
アミューズメント施設、地元の農産物はもちろん、静岡の魚介類、精肉まで揃うマルシェ、
地元の野菜をふんだんに使ったレストランなど、施設の内容が固まっていくなかで、最
も難航したのが大井川鐵道の新駅設置だった。もともとは、大井川鐵道のSLを施設に
停車させたいという夢があり、その構想に乗る形で大井川鐵道も事業参加していたが、
予算や行政の許可など、乗り越えねばならない問題がいくつもあった。
「基本構想の時からプラットホームと地続きのテラスレストランというのは、ずっと描いて
いたんですね。むしろ、レストランの中にSLを引き込みたいくらいだったので、駅とか
SLという素材を生かし切れないと企画が破綻しちゃうわけです。僕らの夢というか、そ
ういう場の設定をして、実現することで初めてレストランの価値が上がると思っていまし
たから」（田村さん）

　しかし、新駅の設置については、プロジェクトチームだけの力ではどうにもならなかっ
たと渡部さんはいう。
「新駅は、やはり一企業ではどうにもならない部分が結構あるんです。JA、島田市、大
井川鐵道、それに僕が入って協議を重ねました。それで、それぞれの立場に基づいた
交渉がたくさんあって、ようやく新駅の設置が決まりました。そこが今回のプロジェクトで
はいちばん大変でしたね。

　ただ、残念なことに、現在の門出駅はホームが短くて、9両編成のSLは停車できない。
2両編成の普通電車だけが停車します。でも大井川鐵道は、新駅の発表の記者会見で、
将来的にはSLを停めたいんだよねという話を僕に振ってくれたので、僕はまだ全然諦
めていませんけど。

　基本構想では、KADODE OOIGAWAは交通のハブになるとうたっているんです。
新東名高速のインターチェンジがすぐそばにあって、目の前は国道473号、富士山静岡
空港はクルマで15分の距離です。これにSLが停まる大井川鐵道の駅が加われば完璧
なんです。もう少し時間がかかりそうですけど」

　とはいえ、観光の拠点としてKADODE OOIGAWAができたことは非常に大きいと
いう。KADODE OOIGAWAの開業に伴い、館内には観光案内所兼物産販売所とし
て＜おおいなび＞を設置、観光協会の組織も新しくした。近い将来の観光開発に向け

施設内の新駅に停車するSL。ホームの長さが足りず、現在は普通電車のみが停車

©ナカサアンドパートナーズ

建物の前には、2007年まで大井川鐵道で走っていたC11形312号機を展示

お茶をテーマに、お茶を使った食品から、お茶に合う菓子までさまざまに並ぶ

茶畑の中を疾走するSL。絵になる風景は、鉄道ファンでなくても心が躍る　　　　　　　　　　　　　　写真提供：一般社団法人島田市観光協会

　て、すでに動きだしている。一般社団法人島田市観光協会の鈴木将之さんが語る。

「僕は、市の観光課の職員として、KADODE OOIGAWAの建設に関わりました。ちょうどその時に市のほうで観光戦略をつくることになったのですが、既に大井川流域をメインに大井川鐵道を縦軸に据えて、新東名から降りた人たちを呼び込んだり、ここをハブにして観光してもらうという大きなストーリーは描かれていました。

　でも、この戦略を市だけで進めていくことは、なかなか難しくて、民間と行政との連携を進めなければならない。さらには島田市だけではなく、奥大井なども含めて大井川流域を広くカバーして盛り上げていく"観光地域づくり法人（DMO = Destination Management / Marketing Organization）"を目指していきたいと考えています」

　すでに館内の＜おおいなび＞では、盛りだくさんな観光情報が発信されている。

「KADODE OOIGAWAのオープンと同時に、＜おおいなび＞で"大井川でやるべき100のこと"というプログラムをつくりました。KADODE OOIGAWAを拠点に、どこに遊びに行ってもらおうかという提案です。島田市のシティプロモーション"島田市緑茶化計画"には緑茶観光のプログラムがあって、それも全部入れ込みました。KADODE OOIGAWAから茶畑にも遊びに行けますし、パラグライダーをしながら上空で緑茶を

飲むなんていう体験もできます」(渡部さん)

一般社団法人島田市観光協会
事業本部長
鈴木将之さん

　<おおいなび>での情報発信は、単純な観光案内ではないと鈴木さんはいう。

「緑茶×観光という、掛け算になっているのがミソなんです。緑茶をベースにした観光のコンテンツづくりと、外への発信方法を、これからみんなで考えていきます。<おおいなび>そのものは、いわゆる普通の観光案内所ではなく、提案型の観光案内ができるようにしようというコンセプトでつくりました。スタッフたちも、オープンからずっと勉強しながら、お客さまの問い合わせを待つのではなくて、自分から提案できるようなスタンスになってきています」

5年で100回、通いつめる

　企画から完成まで約5年。数ある乃村工藝社のプロジェクトのなかでも、KADODE OOIGAWAは独特な仕事だったという。

「5年間、ほぼ隔週で通ってきましたので、100回くらいは来たんじゃないかな。渡部さんが全体プロデュースをしていて、僕は、みなさんの議論やディレクションを俯瞰してみて、客観的にまとめていく役割をきちんと果たそうと思っていました。普通に道の駅をつくっても面白くないよねっていいながら、地域の人たち、地域の企業さんと一緒にやっていくのは、なかなか新鮮な取り組みでした。

　やはり遊びというか、楽しさみたいなものを忘れちゃいけない。お客さんが来て楽しめるコンテンツをたくさん入れるということと、地域の農産物が並べてあるだけじゃなくて、1次、2次、3次産業を掛け合わせた農業の6次産業化をいかに楽しく支えるか、それらをずっと考え続けてきた感じです」(乃村さん)

　一方でデザイナーの田村さんは、現場ですべてのハードのデザインに絡みながら、レストランのメニューづくりなど、ソフトの開発にも積極的に関わっていった。

「開業の1年前にKADODE OOIGAWAという運営会社が立ち上がるまで、プロパー社員の人はいませんでした。それで、乃村工藝社での飲食施設づくりの経験に基づいて、業態の仮説を立てたり厨房の設計をしたりと、ずっと準備をしてきたんです。どうしたら他のレストランと差別化して、個性が出せるかなと。運営会社ができて開業までの1年間で、社員の方と一緒に僕らが立てた仮説の上でどんな商品を提供しようかとか、どんなレストランにしようかというのを議論して、検証していきました。

　僕らはオープンまでにトレーニングを兼ねてぎゅっとオペレーションを詰めて、あとは開業後に企画とか設計をしたチームが離れても回るように人が育てばいいなと思っていたんですけれども、実際にはKADODE OOIGAWAのスタッフの方々に熱意があって、自分たちで企画をしながら回せるようなベースが、もうオープンの時にはある程度できていました。そこはすごく重要なポイントで、侃々諤々と一緒に企画したり遅くまで打ち合わせしたり、最後の1年間はそういう密度の濃い時間でしたね」（田村さん）

　2020年11月、KADODE OOIGAWAは開業した。しかし、この開業はゴールではなく、あくまでもスタート地点だと関係者は口を揃える。

「いろいろな事情があって、まだ動けていないんですけれど、僕らのなかでは開発の第2期も第3期も絵を描いています。門出駅のホームを延ばしてSLを停めたいし、新東名とKADODE OOIGAWAとを直結させて、高速道路を降りなくても利用できるようにしたい。夢はまだまだ終わりませんよ」（渡部さん）

（2022年10月取材。記事の肩書きは取材時のものです）

来場者が見て、触って納得する
そのためだけに本物をつくろう

ジブリパーク —————— 愛知・長久手市

2022年11月に第1期開園したジブリパーク。
テーマパークのようなアトラクションではなく、
スタジオジブリの作品世界を精緻につくり込むことで、
ジブリファンはもちろん、子どもから大人まで幅広い層を惹き付けている。
なぜ、そこまで本物にこだわるのか。
前半では、全体の指揮と監修を務めたスタジオジブリの宮崎吾朗監督に、
乃村工藝社の川原正毅さん、西本陽さんがお話をうかがった。
後半では、実際に制作を担当した乃村工藝社のプロジェクトチームに、
現場でのものづくりについて語り合っていただいた。

宮崎吾朗監督が語るジブリパーク

スタジオジブリ・宮崎吾朗さん

聞き手｜乃村工藝社・川原正毅さん、西本 陽さん

セットじゃない。本物の家を建てたい

西本 吾朗監督との出会いは、2005年の愛・地球博の時でした。会場内に『となりのトトロ』に出てくるサツキとメイの家をつくることになって、そのオファーをいただいたんです。テーマパークづくりの経験が豊富なスタッフでチームを組んでご提案しましたが、吾朗監督には全く響かない。「駄目だ、こりゃ」っていう状態でした。それで社内で川原さんに相談して、チームを組み直しました。

川原 アプローチの方法がテーマパークの攻め方じゃなくて、やはり昭和30年ころの和洋折衷の建物を、ある種、復元するということですよね。だから、文化施設をつくるようなアプローチがいいんじゃないかと。ちゃんと歴史考証もしながら、そこにアニメーションの世界を融合させていくということなのかなと理解して、それにふさわしいメンバーに集まってもらいました。

宮崎 チームの組み直しは全く覚えていないんですが（笑）、そもそも愛・地球博でサツキとメイの家を建てるのに、仮設だからといって映画セットみたいなものをつくっても仕方ないなと思っていました。僕なりの理屈としては、愛・地球博は環境万博ということでしたので、そこにトトロで描かれた家をつくる意味は何だろうと。

　そう考えると、昭和30年ころの暮らしぶり、それ以前に建てられた家での暮らしっていうのが、今でいうエコなんです。要するに照明器具以外の電気製品ってほとんどないわけですし、あとはガスくらい。もちろんエアコン、テレビ、洗濯機といったものも全くない。そういう暮らしが、巻き戻してみればイコール環境にいいという解にもなる。

　そんなメッセージを込めてやりたいと思ったんですね。サツキとメイの家も当時のつくり方である木造でやれば、いずれは全部自然に還る素材でつくるようなものですから、家のつくり方そのものも、環境についての語りになるわけです。

　そういうアプローチで大工さんを見つけて、仕事を始めて、じゃあ、そこに当時の暮らしぶりを再現するという意味でモノが要る。そこで乃村工藝社さんに手伝ってもらって、プロジェクトを始めたわけなんです。

スタジオジブリ　監督
宮崎吾朗さん

サツキとメイの家。玄関を入ると昭和30年ころの世界が広がる

乃村工藝社
クリエイティブ本部 コンテンツ・インテグレーションセンター
副センター長 エグゼクティブクリエイティブディレクター
川原正毅さん

一方で、本物の家をつくっているんだけど古く見せたいみたいなことだってある。でも、大工さんたちにしてみると、俺たちは新築の家を建てているのに、なぜペンキで汚さなきゃいけないの、それは理解できない、と。本物なのだから、本物だったらこういうふうに経年変化していくという処理の仕方だったら自分たちも納得できるけど、そうじゃない塗料を塗りたくるみたいなやり方、つまりテーマパークでやっているようなもののつくり方は認めたくないし、そういうふうにやられたら嫌だっていうわけです。その辺がなかなかマッチしなかったということです。結局、建物のエイジングは、大工さん自ら、かなり面倒くさい作業をやってくれました。

川原 柿渋とかを使いましたね。

宮崎 そう。木材をバーナーで焼いて、こすって、でこぼこに目出しをして、それに柿渋を塗る。そういう面倒くさいことをやりました。本当に木がやせていったら、年輪の硬い部分が出っ張って、軟らかい部分が引けていくわけです。それを塗装で見せようとすると逆になる。本来は濃くなるところが薄くなって、薄いところが濃くなる。それは大工さんから見ると、ニセモノになる。だから、塗装でやるのはあり得ないんです。

　そういう果てしなく面倒くさいやりとりがあって、最終的には、乃村工藝社さんにやっていただく塗装によるエイジングは、ペンキで塗ってある洋館部分、それにトタン屋根などの雰囲気出しみたいなところで、そこも過剰にやらないでねとお願いしました。台所もやったんですけれど、かまどにわざとスス汚れをつけてエイジングしたのに、その後本当に使って、使った後に拭いたら全部エイジングが取れてしまって（笑）。

川原 掃除した人に悪気はなかったんですけど、きれいに掃除をしたら、本物のススも、エイジングに見せる塗料も、全部なくなったんです。

宮崎 だったら、本当に使ったほうがいいじゃんという話になって、その後何回もかまどを使うことになりました。

西本 それもあって吾朗監督が、大工さんとか、われわれのために、かまどでこっそりご飯

本物のかまど。当時はこんな台所風景が当たり前だった

いかにも古びた縁側。細かなところにも本物が表現されている

乃村工藝社の社員家族が書いた表札。門柱によく馴染んでいる

を炊いて、おにぎりを握って、サンマも焼いてくれました。うれしかったです。

川原 完成した時に、吾朗監督が一緒に働いていたわれわれの家族も招待してくれて、うちは娘と妻の両親が来たんです。なぜ両親を呼んだのかというと、サツキとメイの家に「草壁」と表札がかかっているんですけど、妻の父親が校長先生で筆がうまかった。それで表札を父親に書いてもらった。本人は、ものすごく得意満面でした。

宮崎 表札を書いていただいて、川原さんの娘さんにはカレンダーを描いていただいて、それらはいまだに使っていますよね。

川原 いまだに使っている。本当にありがたいのは、やっていた仕事が、われわれの記憶のすごく大事なピースになっていること。今回のジブリパークでも、まさに同じような状況になっていますね。サツキとメイの家に行くと親せきの家に帰ったような気がします。

宮崎 ジブリパークの開園にあたって、サツキとメイの家は、特に変えたところはありませんけど、ちょっとだけメンテナンスしました。人が入ってモノに触りますから、ふすまの手掛けなんかはガサガサになっちゃうし、本も置きっ放しになっているからカサカサになっちゃう。ふすまを張り替えたり、障子を張り替えたり、その間に本を出して、虫干しを兼ねて積み直すとか、風を入れるみたいなことです。だから、メンテナンスといっても、

お父さんの書斎。考古学者の机としてのリアリティを考え抜いた

普通の家の大掃除の延長みたいな感じです。

川原　親せきの家の大掃除に駆り出されたみたいでした。

西本　本当に。お掃除の仕方も昔ながらの、はたきと、ほうきでしたからね。

ファンタジーから「リアリティ」を組み立てる

宮崎　今回のジブリパークでは、『耳をすませば』に出てくる地球屋をつくりましたけど、サツキとメイの家とは、考え方は似ているんですけど、ちょっと違うんです。『となりのトトロ』ってかなり特殊な映画で、何が特殊かというと、映画に出てきた家の中をほぼすべて描いている、子細に。映画を見ていただければ分かるんですけど、そこまでやっている作品は、スタジオジブリのほかの映画ではありません。家そのものは、和室に応接間の洋室がくっついているんですけど、戦前・戦後、中産階級の家として結構建てられていて、よくある様式です。なので、かなり史実に基づいてつくることができるんです。

　でも、『耳をすませば』という映画は、何か史実に基づいているかというと、基づいていない。ありそうな家として描くのが宮﨑駿は得意なので、いかにもありそうに描いていますけど、これが本当に昭和の時代に建てられて、実際にこういうのがあるんですよっていうものではないんです。途中で傾斜が変わるマンサード屋根の建物はありますけど。

　作品として見ると『となりのトトロ』のほうがファンタジーですけれど、建物として見たら、よりリアルな世界であるはずの『耳をすませば』の地球屋のほうが、よりファンタジーなんです。そうすると、史実に基づいてとか、考証に基づいてやればできるかっていわれると、ちょっと違うことになる。サツキとメイの家の時とは違うアレンジみたいなアプローチが必要になるわけです。

川原　今のお話をプロジェクトの最初の頃にうかがって、やはり形にしていくのは難しかったです。うちのメンバーともいろいろな話をして、何を参考にするのが一番いいんだろうかと議論もしました。結果的

乃村工藝社
ビジネスプロデュース本部 第二統括部
都市複合プロジェクト開発部 部長
西本 陽さん

屋根が独特な地球屋。前には聖司くんの自転車が置かれていることも

に、近い雰囲気のお宅に住んでらっしゃる人たちのライフスタイルを取材したりしました。でも、そのままでもないですし。

宮崎 そのままではないですね。物語のなかで重要な要素になっている、お店としての役割がありますから。じゃあ、絵に描かれた通りにつくればそれらしく見えるかというと、全然そんなことはない。そうすると、まずここの主人はいかなる人物かみたいなところから始めて、プロファイリングしていくんです。

とはいえ、そのプロファイリングの理解が、若いスタッフと年配の人が考えることに結構ギャップがあったりする。そうすると、ああでもない、こうでもないと議論を重ねつつ、大体できたっていうところで、もう1回蒸し返すみたいなこともあります。本当にこれでいいのかって。

例えば、主人である作中の西司朗老人は、地球屋にリビング的なスペースがあって、そこでレコードを聴いていますという時に、こういう建物だし、作中ではクラシックを弾いている人だしってなると、スタッフのみなさんが集めるレコードってクラシックだけになるわけです。でも、ちゃめっ気があるおじいさんが、昭和から平成に移っていく時代に、本当にクラシックしか聴かないのか。中学生の女の子をからかうような人だから、そりゃ中島みゆきぐらいは聴くだろうとか。そういうレコードも交ざることによって、その人となりがもっと膨らむんですね。

お店にしても、お店ってこうだよねって、いろいろなモノを集めて飾っていく時に、思考が純粋になりやすいんです。それを崩すためにはどうすればいいのか。何かちょっと甘さが足りないから、もっとかわいらしいモノを置こうといってみたり、西老人のルーツをたどるんだったら、戦前にドイツにいたというエピソードが出てくるから、ドイツ的な何かをちょっと混ぜるとか。そういう工夫をしていく必要があって、それを足してくと、何か変わってきたねってなってくるんです。

川原 実際に、現場はかなり悩みましたけど、やるとやはり変わるんです。何か想像する余地というか、深みが出てくる。

地球屋の1階テラス。作品では重要な舞台になっている

吾朗監督が落書きした川原さんの似顔絵。キッチンには出前のメニューが

本物としての説得力はあるか?

宮崎　建物そのものも描かれていないところがあるので、じゃあ上の階はどうなっている
のかとか、奥の間取りはどうなっているんだろうっていうことを散々やるわけです。西老
人はここに住んでいるのか、住まいは別にあって、ここは店なのかとか。ひとり暮らしな
のか、奥さんはいるのかとか。生活感がないから、ここには住んでないみたいだとか。そ
ういうことを考えていくのは大事なんです。

　若いスタッフはみんな、作中の鍋焼きうどんは、西老人がつくってくれたんだっていう
んです。絶対違いますよ。店屋物に決まってるじゃないですか。あの時間で「寒っ」て冷
え切った女の子がいて、あの年のおじいさんが自分でつくるかといったら、絶対につくら
ない。いつものお店に電話して、「鍋焼き2つ」。それがかつての都会のお年寄りですよね。

西本　店屋物は普通でしたからね。「ひとつで頼むのは駄目」ってよく親に怒られてました。

川原　そのプロファイルの発想の仕方って、若いスタッフが一所懸命にやっていましたけ
ど、やはり経験がないから広がらない。吾朗監督とこうやってお話しさせていただきなが

ら、いかにギャップを埋めていくかでしたね。時間はかかりましたけど。

　ジブリパークのプロジェクトでは、結構大変なことがいくつかあったんですけど、地球屋のからくり時計もそのひとつ。お店のシンボルなんですね。このからくり時計をつくる際に、当初われわれは、運営目線だとか、動作の安定だとか、後々のことを考えて、制御とかそういったものを電子的にやろうとしたんです。だけど、ある時に吾朗監督が「それは違うんじゃないか」っていわれて、やはりここは本物っぽくしたいんだから、本物をつくるべきだって。それで、からくり時計をつくれる方が日本にひとりだけいらして、その方の協力を得てつくりました。100年以上前の技術の復元です。

宮崎　結局、地球屋に来てくれる人たちが何を体験したいかというと、自分があたかも映画の世界に入ったような気分を味わいたいわけです。あと、この作品が好きな人たちは強い思いを持っているので、いらした人たちが「ああ、これだ」と思ってくれないと話にならない。電子制御をされた音・動きみたいなものだけで成立している機械だと、なんとなくそれらしくはあるけれど、多分求めるものじゃない。そうすると、スピーカーで音を鳴らすのはNGで、じゃあオルガンでやりましょうって。でも、オルガンの音を出すのに機械で空気を入れましょうって、やっぱりそれ違うんじゃない、みたいなことをやっていくと、面倒くさい方向にしかいかないんです。

西本　地球屋に飾られている猫の人形のバロン。あれも苦労の連続でしたよね。

宮崎　つくることそのものは、誰がやっても多分つくれるだろうし、似てる、似てないだけならつくれちゃうと思います。ただ、何か引っ掛かりを持ってやっていないと、そこは難しい。やはり試行錯誤を繰り返しました。もしかすると今回、試行錯誤が一番多かったのは、これですよね。

川原　一番はこれです。時間も一番かかりました。

宮崎　単に人形の原型がとか、形がどうこうということだけじゃないんです。例えば、お嬢さんのほうの人形、ルイーゼ。作中では過去の再現シーンで登場するわけですけれど、じゃあ作品で描かれているドレスのままでいいのかっていうと、そのままつくると、これがまたなんか違うってなる。

　そうすると、やっぱりそこからプラスアルファしていかないといけないよねっていう話に土壇場になってきて、もっとここにレース付けたほうがいいんじゃないかとか、リボンがど

うのこうのってみたいな話になる。だから最初に決めたことのとおりにやると、最初に思い描いた姿にはならないんです。

川原　つくってみると、思っていたのと違うなということもあったりします。だから、本当にそう思ったら、勇気を持って立ち戻ることが大事なんです。

宮崎　結局、本物としての説得力があるかっていうことですよね。

川原　バロンの目も大変でした。目の中に宇宙を感じるじゃないですか。そこをどうやってやるかって、最初からかなり試行錯誤しましたね。若いスタッフがものすごくこだわって、サンプルをたくさんつくって、吾朗監督とさんざん議論して完成にこぎ着けました。

ジブリの作品世界に入ってみたい

宮崎　ジブリの大倉庫は、本当に倉庫なんです。もともとスタジオジブリがいろいろなところでやっている展示だとか、三鷹の森ジブリ美術館というものがあって、展示のためにものをつくっちゃうことが多いんです。終わった後、倉庫にしまっておくと、年月とともにたまっていっちゃう。それを集めて展示しましょうみたいなところからスタートしています。

　ただ、それだけじゃ面白くないので、展示施設でもあり、楽しさもありというところにしましょうと。サツキとメイの家なんかは本物志向というか、実物をちゃんとつくろうということなのに対して、大倉庫のほうはどちらかというとつくりもの然としていて、それを楽しんでもらおうということでやっています。もともとは温水プールだった建物ですから、ガラス張りの温室のような建物に、ちっちゃい街をつくっている気分でやりました。ジブリ作品の世界をごちゃ混ぜにして、コラージュした感じですね。

西本　大倉庫に子どもたちが遊べる場所があるんです。僕は本当に素晴らしいなと思って。何が素晴らしいかって、子どもたちしか入れない展示なんですけど、大人の目で見てもむちゃくちゃ楽しめるんです。スタジオジブリがある東京・小金井市の少し昔の街をモチーフにしたミニュチュアで、駅には、昔の国鉄時代の切符売り場の券売機が表現されていたりする。大人のボタンの下に、「こども」用の赤いアクリルのふたがあって、大人は「うわー、これあったなあ」って。ものすごい音で回るコインランドリーの乾燥機と

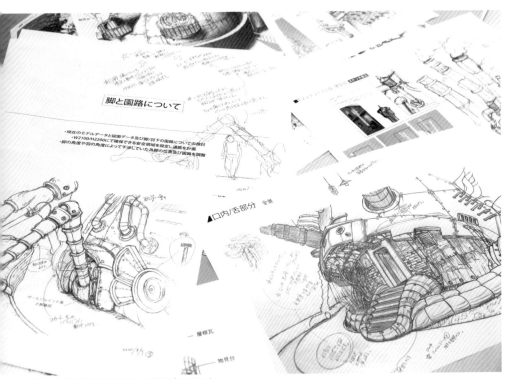

脚と園路について

・現在のモデルデータと図面データ及び脚/脚下の園路についての検討！
・W2100/H2200に格保できる安全領域を設定し通路を計画
・脚の角度や羽の角度によって干渉していた為脚の位置及び園路を調整

▲口内/舌部分 全景

絵を起こし、何度も往復させることでイメージをすり合わせていく

か、遊びの要素がすごく入っているんです。

川原 今、第2期の開園に向けて『ハウルの動く城』のハウルの城の制作が佳境ですけど、やはり吾朗監督と感覚をすり合わせながらの作業になっていますね。最初はハウルの城の下半分の銅板部分を、クラフト感覚で、すごく瀟洒につくろうとしていたんですが、どうもそうじゃない。外側は超弩級戦艦っていう、ごつくてあまり繊細じゃないような戦艦の世界、でも内側は張りぼてかもねって吾朗監督にいわれて、「ああ、そういうことなんだな」って思いました。

そんなやり取りをするのに、絵に描いたほうが早いだろうっていうことで、僕のほうでこうやって絵を描いて、また吾朗監督が緑色の線で修正やストーリーの考え方を入れてくれるんです。このキャッチボールは、1年ぐらい延々とやりました。うちの若いスタッフも含めて、このやり取りはみんなすごく楽しんでいました。イメージスケッチだけでなく、その先で起こした図面でも同じようにやり取りが続くんですけどね。

宮崎 図面でも延々とやりましたね。それで、もういいだろうっていうところまでくると、それはできたということです。最近は、造形物も先に3DCGでモデリングをして、それを3Dプリンターで出したりとか、制作したりする。3Dデータ上でしつこく直していると、うんざり

してきます。精度は上がるんですけれど、手間が減るわけじゃない。粘土なら人の手で えいやって直せるところを、タブレット上でチクチクやってる感じです。

川原　地球屋の黒木馬なんかも、最終的には無垢の木を削り出してつくるという、すご いクラシカルで、ぜいたくなつくり方です。これも最初は粘土で原型をつくって、それを データスキャンして3Dにして、3Dにしたデータから、またわざわざ1分の1の木を掘り出 すんです。ドリルで。でも、やはり最終的な仕上げは人の手でやるんですね。

宮崎　結局、まじめに本物をつくるのは、スタジオジブリの映画に出てくる建物って、みん な入ってみたいんです。入ってみて、触ってみたいし、その空間で、その椅子に腰掛 けて、そのお茶を飲みたいとか、何か食べられればいいなという場所として描かれてい る。だから、触りたい、触りたくなるようなものとして、そこに立っていてほしい。地球屋み たいな建物も、その壁や柱に触ってみたくなるし、そこに置いてある紙に触れてみたくな る存在であってほしい。だから、ハウルの城ができたら、足に触ってみたいとか、撫でて みたいとか、中がどうなっているのか歩いてみたい、中も触ってみたいってなるのが一 番いいのかなと思います。それが、例えばテーマパークみたいなものとの違いです。

　この20年くらい、乃村工藝社さんにはスタジオジブリのいろいろな仕事でお付き合い をお願いしてきました。大きな会社ですので、四角四面なところとか、ビジネスライクなと ころはあって、それは仕方がないんですけど、挑発して化けの皮がはがれてくると、やは り、ものづくりをしたいという気持ちを強くお持ちの方々なんです。一緒にプロジェクトを 進めて、だんだん関係ができてくると、いい感じになってきます。

　今の時代は、ネットワークの時代ですから、乃村工藝社さんはネットワークのハブに なっていますよね。だから、乃村工藝社さんに頼めば何でもできる。いろいろな人とのつ ながりがある会社なので、いろいろなオーダーに応えてくれる。だから、その良さとつまら なさと、両方があるかなって思います。

　アニメーションの仕事もそうですけど、乃村工藝社さんも生活の潤いとか豊かさみた いなものを生み出す仕事ですし、面白い仕事をしている人たちだと思います。なので、 何か気持ちを持って、これからも一緒にやっていただけるとうれしいですね。化けの皮 をはがしていくのが僕の仕事ですから（笑）。

座談会

乃村工藝社・ジブリパークプロジェクトチーム

営業・プロジェクトマネジメント **溝口紘平さん**

営業・プロジェクトマネジメント **河合優菜さん**

デザイン **山田健太郎さん**

デザイン **笹 朝斐さん**

プロダクトディレクション **若杉宗司さん**

プロダクトディレクション **村田春那さん**

本当に人の気配がある佇まいを

山田 僕と笹さんは、埼玉県のムーミンバレーパークをやっている時に、その現場で初めて宮崎吾朗監督とお会いしました。ジブリパークの関係者の方々が内覧にいらしたんですね。ジブリパークに乃村工藝社が関わり始めたのは2019年からで、そのころは、横浜のガンダム立像プロジェクトにも参加していて、アニメーションの世界を形にする仕事が多かったんです。でも、そういう仕事は自分に合っていますし、好きだということもあります。"好きこそものの上手なれ"という言葉が好きなんですけど、やはり好きだからこそ一歩踏み込んで考えられるというか、入り込んでやれる。

　みんなアニメーションの表面的なところしか見ていないですけど、アニメーションの世界にも設定考証がちゃんとあって、なるべくリアルに表現しようと考えているところがあるんです。そこを自分たちが深掘りして、どれだけリアルに再現していくかというところが面白さでもあるし、つらさでもあります。しかも、つくって終わりじゃなくて、エンターテインメントとして、ビジネスとして成立させなきゃいけない。そこのさじ加減というか、バランスが、ジブリパークはとても難しかったです。

　ジブリ作品は、こだわりがすごく強いというか、考証の考え方が半端ないところがあります。しかも、『耳をすませば』は人間模様を描いていますので、本当にその人がそこに

クリエイティブ本部 コンテンツ・インテグレーションセンター
クリエイティブ・ディレクション部 第2ルーム ルームチーフ デザイナー
山田健太郎さん
子ども時代はジブリ作品とあまり接点がなかったが、家族ができたら
子どもたちと一緒に『となりのトトロ』の大ファンに。

クリエイティブ本部 コンテンツ・インテグレーションセンター
クリエイティブ・ディレクション部 第2ルーム デザイナー
笹 朝斐さん
母親がジブリ好きで、本人もジブリガールを自任。トトロ遊びで育ち、
高校時代は『耳をすませば』の舞台の聖地巡りもしました。

いる佇まいをどうやればつくれるのか、そこを考えな
きゃいけない。

　今回の仕事をやってすごいと思ったのが、地球
屋に来た人たちが、なんか誰かの家に来たみたい
だねっていってくださって、やはりそこなんだろうなと。
セットでつくっちゃうとセットなんですよ。誰かの家を
つくらないといけないんです。地球屋の主人がいて、
聖司くんがいてみたいな、人がいた影みたいなもの、
その歴史みたいなものをつくっていくところが非常
に大変でした。特に笹さんは、2階のお店のところ
を、最後の最後までぎちぎちに詰めてやっていまし
たし、1階のヴァイオリン工房のほうも、うちの片桐さ
んというデザイナーが、ヴァイオリンをつくるんだった
らこうだというところから詰めていきました。

笹　地球屋の仕事は、最初に年表をつくって、設
定から始めました。地球屋の主人の西司朗さんが、
いつ生まれて、どんな時代を生きてきて、どんな製
品、どんな生活用品に触れて暮らしてきたかという
ことを押さえて、さらに、例えばこういう出来事に影
響を受けているんじゃないかとか、作品の物語でエ
ピソードとしてどんなことがあったかといった軸を重
ね合わせて、じゃあこういう世界じゃないかなという
ところを空間に落とし込んでいく。こういうものが置
いてあるんじゃないかとか、スタジオジブリさんと会話しながら詰めていきました。

　でも、最初にやったそれだけでは足りなくて、実際に例えばリビングダイニングで、エア
コン隠しをしているサイドボードの造作家具があるんですけれども、撮影のセットだった
ら、それらしく見えるこんなデザインでどうだろうみたいな感じでいけるんです。でも、吾
朗監督は、当時の造作家具がどんなものだったのか、そういう考証がないとリアリティが

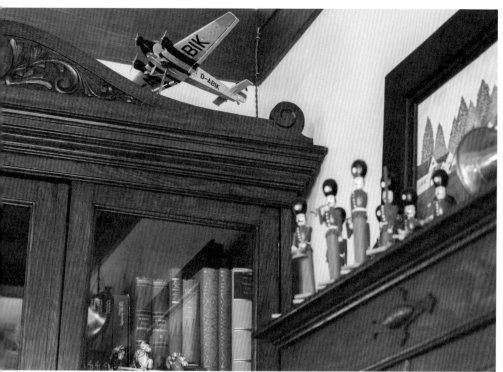

地球屋の小物類には、ドイツまで買い付けに行ったものもある

ないよとおっしゃって、いろいろな邸宅を回ってリサーチしました。それで、資料とか調査結果を基にデザインに落とし込んでご提案したら、すごく気に入ってくださって、それ以降は、全てに考証作業が付随してくる感じになりました。

地球屋主人の人生を読み解く

山田 地球屋に関していうと、実際の歴史、ちゃんと第2次世界大戦があってオイルショックがあって、バブルがあってみたいなノンフィクションの歴史と、アニメーションのフィクションとが重なっているようなものなので、西司朗というキャラクター設定を固めるのに、アニメじゃなくてリアルにいる人としてどう描いていくのか、結構深く考察しました。

笹 私は何度も吾朗監督にいわれたんです。「笹さんは戦争を経験してない」って。そりゃそうだって（笑）。つくっているものも、「笹さんちじゃないんだよ」って120回ぐらいいわれて、それで自分を捨てるところから始まるというか、誰か別の人の人生をちょっと真剣に考えましたね。西さんの人生ですけど。

地球屋のリビングスペース。誰かの家に来たような感覚にさせる

西さんが地球屋を建てた時に、何を経験してきて建てたのかというところで、戦争の前の西さんの青年時代、20歳は超えてない、18歳かそれより前ぐらいの時代の影響を受けてるんじゃないかという話になって、その時代に建てられた邸宅は、すごく手の込んだすてきなものが残っていたりするので、参考にさせてもらいました。

溝口　戦前の邸宅に憧れた西さんが、戦争を経て大人になって自分が建てる時に、若いころの憧れを再現したんじゃないかっていう想定なんです。

笹　だから、リサーチに行きました。そういう戦前の邸宅に飛び込みでお願いして回って、建物を見せていただく。建物だけではなく、小物類を全部、先代からのものを出してもらって、ひとつずつ写真を撮りました。作中では触れられていませんが、西さんはお医者さんの家系で、ドイツに留学していたのかもしれないというスタジオジブリさんと行った考察がありましたので、お医者さんで、ドイツに留学経験がある方のお宅も見せてもらいました。

　地球屋で引き出しを開けると、全部に小物が入っているんですよ。本棚の辺りも設定を1994年、映画の公開は95年なんですけど、94年で設定して、その年代にあっておかしくない家電だったり、小物だったり、あとはテレホンカードとか、当時流行っていたJRのオレンジカードとか、そういうものをいろいろと置いてあります。

山田　そういう日用品のものと、地球屋の場合はアンティークショップでもあるので、アンティーク品も買い集めていきました。やはり選んでいくなかで、どんどんこだわりが強くなるんです。西さんは審美眼のある人だからこんなものは置かないみたいね。結局は、全部本物になりました。

笹　目線を合わせるために、邸宅の見学やアンティークの買い出しには、スタジオジブリさんのスタッフの方もお誘いして、アンティークのテーブルひとつを買いに、京都まで一緒に行っていただいたりしました。そのころには、西さんの価値観が自分のなかに入っていて、「あれ、いけそう」なんていう判断がつくようになっていましたね（笑）。

営業推進本部 第一事業部
営業1部プロジェクト推進課 課長
溝口紘平さん
子ども時代に『平成狸合戦ぽんぽこ』『もののけ姫』を映画館で鑑賞。
大学時代にバイト先の映画館で『崖の上のポニョ』が上映された。

聖司くんがヴァイオリンづくりをしていた作業台。実際に使われた

溝口　結局、地球屋1軒のなかに、ごく小さなものまで含めて6,000点くらいの小物が入っています。

山田　あと1階のヴァイオリン工房に関して、実は仕上げ室って作品では描かれていないんです。それでヴァイオリン制作の専門家の方に監修に入っていただいて、実際にヴァイオリンを作るんだったらこういうものが要りますとか、こういうところにこういうものが置いてあるのが自然ですっていうのを、きっちりやっていただいたんですね。作中でつくっているヴァイオリンも、どんなヴァイオリンなのかを専門家の方のなかで解釈して、工房にぶら下がっているヴァイオリンは、全部本物をつくってくださいました。実際にあの場で作業もされたので、臨場感というか、作中で聖司くんが作業した痕跡が残っている形になっています。ヴァイオリンは、長年展示しても、ひび割れたりしないように、わざと板を厚くしてあって、ものすごい情熱でやっていただきました。床に散らばっている木くずも、本物のヴァイオリン工房の木くずをたくさんくださって、ジップロックに入れてストックしてあります。

「こういうことをやりたかったわけではない」

河合　最初の基本設計を納めた時に、最後までからくり時計のシステムをどうするかが決まらなくて、もう時間がないからエアコンプレッサーと電気モーターの力で動かすというご提案をスタジオジブリさんにしたんですよね。

山田　やはり乃村工藝社らしく、安定して、来場したお客さまに演出を提供しなければならない。止まってはならないという発想があったんです。それで、吾朗監督に、薪が置いてある車庫の辺りに、エアコンプレッサーを置いて、そこから壁にパイプを通してからくり時計に接続するような形でどうでしょうかとご提案したんです。

河合　穴開けてね。建築さんがつくった建物に。

山田　で、どうでしょうかっていうと、吾朗監督が黙り込んだんです。

河合　すごい沈黙の時間が続いて。これは何かしくじったかなとなんとなく察して、こちら側にいる乃村工藝社のメンバーが全員下を向いたころに吾朗監督が口を開いて、「こういうことをやりたかったわけではない」と激怒するわけでもなく、淡々とおっしゃって。

営業推進本部 第一事業部
営業1部 プロジェクト推進課
河合優菜さん

初のジブリ体験は小学生で『崖の上のポニョ』。実家にはジブリ作品の
ビデオが全部揃っていて、好きな作品は『猫の恩返し』。

営業推進本部 第一事業部
プロダクト・ディレクション1部 プロジェクト推進課 主任
若杉宗司さん

小学校高学年の時に『風の谷のナウシカ』『天空の城ラピュタ』を
学校で鑑賞。『魔女の宅急便』は映画館で見た記憶がある。

山田　吾朗監督は、時々、厳しいことをおっしゃることがあるんですけれど、あの時が一番厳しかったですね。そこはやはり、スタジオジブリさんのこだわりポイントだったんです。その当時にあったものじゃないよねって。要はちゃんとものとして考えた時に、そんなもんじゃないだろうっていう。

　からくり時計は、作中では、とある古城にあったものが巡り巡って地球屋に来て修理されている設定で、それがエアコンプレッサーで動いているってどうなのと。これは本当にスタジオジブリがつくりたいものなのか、スタジオジブリらしいのか、地球屋に合っているのか。ここで考え直したほうがいい。吾朗監督はそう考えられたんだと思います。そこからが大変でしたけど。

若杉　私が参加した時には、どうやって動かすか、その後の方向性はなんとなく出ていました。一番最初は全てをゼンマイで動かそうという話だったんですね。ゼンマイって、巻いて、その巻いたものが戻る力でバネが回転していくんですけど、やはりモーターと違って安定しないんです。当然、巻いたゼンマイがほどけるにつれて、だんだん動力が落ちていく。そういうものなんです。

　からくり時計は、一番上に時計の盤面があって、その奥に造形が動く機構が入っていて、時計の中段に洞窟の造形があって、その中にも人形を動かす機構がある。そして、一番下に音を鳴らすバレルオルガンが入っている。最初はそれを全部ゼンマイでというところからスタートしたと聞いていますけど、私が入った時には、上段と中段に関してはモーターで安定したものにという話になっていたので。下段のゼンマイ仕掛けをどうしようかという辺りから関わりました。

からくり時計内部のバレルオルガン部分。ぜんまいでメロディを奏でる

時計の中段では人形たちが動く。終わると観客から拍手が

山田　エアコンプレッサーには頼らないとなった時に、次はゼンマイというか、やはりそういうものでしかできないんですね。今回、バレルオルガンをつくっていただいた職人さんで、そういったものについては日本の第一人者という方がいらっしゃって、工房を訪ねていきました。技術的な知識がものすごくある方で、アドバイスを求めたら、バレルオルガンのところだけを切り離してゼンマイで動かしたほうがいいと。その専門家の話を吾朗監督に報告して、「すみません。バレルオルガン以外の部分は電気でやらせてください」とお願いして、了解していただきました。でも、バレルオルガンだけでもゼンマイ機構は大変でした。最初にバネをつくった時は、バネがいうことを全然聞かないんです。

若杉　回転が安定しないと、曲も正しく流れない。それを安定させるためにどうするみたいな話から始まりましたね。バネの強さをどこまでにするかって、仮組みを繰り返しながら、みんなで確認していきました。

溝口　からくり時計が大変なのは、ひとりの技術でつくれるものじゃなくて、オルガンをつくる人、ゼンマイをつくる人、その動力で動く人形たちをつくる人、筐体をつくる人、筐体に彫刻を彫る人。たくさんの人の技術が要る。しかも、筐体は木なので、どこかが変わったら、別のどこかに位置調整が発生して、そっちを調整するとこっちに影響が出るというのを、若杉さんがすごく多くの人たちと全て調整しながら形にしていきました。

若杉　細かい話では、パーツひとつずつの素材にもこだわりました。時代設定から、その当時だったらこういう素材があるんだっていうのを。時計の中からエルフの女王が上がってきたり、ドワーフの王が出てきたり、ヒツジがいたりとか。そういうものをどんな素材でつくるのかも課題でした。

山田　『耳をすませば』の作品のなかで、からくり時計のからくり人形たちは、すごいキャラクターなので、来場者の方が映画とちょっと違うよねってならないようにして、でも当時あった本物としてつくらなきゃいけない。そこがすごく難しい。造形的に何回もリテイクしてつくり直しました。若杉さんたちは、ものすごく大変だったと思います。

若杉　最後のほうはスケジュールがかなりタイトになって、彫刻の方には、ずいぶんと無理をお願いしました。どうしても手彫りでの調整があったんですね。でも、開園してから彫ってくださった方がご家族でいらして、すごく感激しましたとおっしゃるんです。何に感激したかっていうと、からくり時計の演技が終わった後に、お客さまたちが拍手して喜

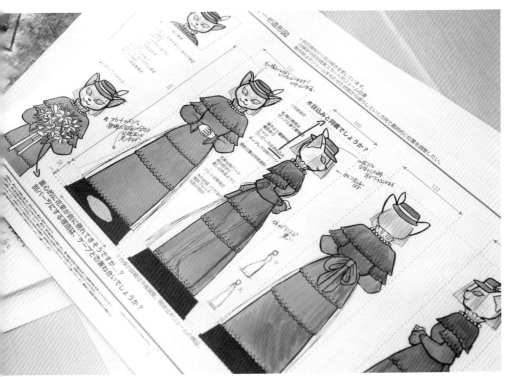

猫の人形のバロンとルイーゼもゼロから制作。威厳ある佇まいが難しかった

んでくれたと。本当にやってよかったなって。2年間、われわれも非常に苦労しましたけれど、いいものができたんじゃないかなと思います。

河合 吾朗監督に怒られた時って、結局、私たちがあまり深く考えていなかったことに怒っていたんだと思います。からくり時計のことも、山田さん、片桐さん、若杉さんたちが、いろいろな人たちの手を借りて、実験や検証を重ねた結果、「ここまでしかできないですけど、これでなんとか」といえば、一部に電気やモーターを使うことも認めてくださった。絶対こうしなきゃ駄目って切る方じゃない。それは、このプロジェクトで、私たちにとってやりやすかったし、頑張らなきゃと思うところでした。すごくありがたかったです。

納品1カ月前に、ゼロからつくりなおす

笹 地球屋のもうひとつのアイコン、猫の人形のバロンは、スケッチを描くところから始めました。でも、やはり絵のプロであるスタジオジブリさんのスケッチにはかなわなくて（笑）、吾朗監督から添削の赤がめちゃくちゃ入りました。そうやって、サイズ感や顔の大きさな

どを決めて、白い石膏で原寸大のマケットをつくって、立ち姿とか目線とか、いろいろと
ご指摘いただきながら固めました。でも、そこから試行錯誤の連続でした。

　まず顔をどんな素材でつくるのかを検討して、柔らかいほうがいいだろうと、最初は毛
皮にしようと、問屋さんで毛皮とかフェイクファーの生地を少しずつ何種類も買ってきま
した。それを乃村工藝社のチームメンバーやスタジオジブリさんとも検討して、動物愛護
の流れを尊重して、特注のフェイクファーにしようと決めたんです。そうしたら、ふわっふ
わっなバロンになってしまって、吾朗監督には見せられませんでした（笑）。

　生地で見るといいんですけど、張り込むと毛の植え方が人形の顔には向いていな
い。結局、もともとは動物の剥製をやられていて、近年、毛皮が使われなくなったんで植
毛などを専門にしている方にお願いしました。顔に生地を張るのではなく、厚みや角度
をミリ単位で精密に計算して、顔に直接植毛してもらったんです。

山田　あれで、顔はすごくよくなった。僕たちは経過を知っているけど、どうしようかって
笹さんが途方に暮れていた時がありましたからね。

笹　バロンの瞳をどうするかも課題でした。乃村工藝社のネットワークのなかではつくれ
る人が見つからなくて、ちょっと絶望しながら街を歩いていたんです。そうしたら、作家
ものを扱うガラス工芸店があって、作中のイメージに近いものがひとつある。お店の人
に聞いたら、それは売りものじゃないし、作家も紹介できないっていうんです。

　でも、あきらめ切れなくて、お店の前で2時間くらいショーウィンドウを見ていたら、お店
の方が作家さんに電話してくれて、売ってもらえることになったんです。吾朗監督にお見
せしたら、いいじゃないっていってくださって、その作家さんに瞳の製作をお願いしました。

　トンボ玉という模様が入った小さなガラス玉の技法でつくるんですけど、ひとつずつ
手づくりなので、まったく同じものはつくれない。だから何十個もつくってもらったなかから、
厳選して使っています。一点ものなので、二度と同じ表情はつくれないんです。

山田　バロンは洋服にも手をかけました。バロンの恋人のルイーゼは、ああいう赤いシ
ルクの服がないので、シルクを手染めにして、アンティークのレースを組み合わせること
で仕上げられました。バロンの服は、問屋街で買ってきた生地を使うことになっていて、
ある程度の形ができてきた時に、吾朗監督がポロッと「なんか違くない?」って。納品の
1カ月前でした。

ジブリの大倉庫の上空を飛行する「空飛ぶ巨大な船」。プロペラや櫂が動く

子どもの街。スタジオジブリがある東京・小金井市の街をデフォルメ

時代を考えて素材は選んであったのですが、要するにくたっている感じがないんですよ。仕立てたスーツが新しくて、パリッとした感じのバロンになっちゃった。なんか時の経過を感じないんです。それで、古着でいこうという話になって、舞台などをやられてる貸し衣装屋さんから、生地と目の細かさがスケール感と合うようなジャケットを20着ほど借りて、厳選して決めました。

　その生地で服をつくったら、ルイーゼと並べた時も、なんかすごくしっくりくる。あの時、吾朗監督にいわれたことって、こういうことだったんだって、みんな納得しました。

デザイン性も安全性も、両方成り立たせる

溝口　今回、乃村工藝社が1期で担当したのは、大きなところでは「青春の丘」の地球屋、ジブリの大倉庫、「どんどこ森」のサツキとメイの家なんですけれど、ジブリの大倉庫は、他社さんと連携しながらつくっていくという現場でした。天井から吊るされている「空飛ぶ巨大な船」は、デザインなどを担当された会社があって、その製作をうちの村田さんが担当するという座組みでした。

村田　もともとは、スタジオジブリさんの中国の展示会で使われた船を輸送してきて、それを吊るすというお話だったんです。でも、コロナ禍で物流が止まってしまい、海外からの輸送が困難となってしまいました。そこで。担当する会社さん、スタジオジブリさんとも相談して、新たに安全な船を乃村工藝社が製作することになりました。

　デザインは担当する会社の造形の方が起こして、それを乃村工藝社で形にしていくんですが、木造の船なので構造計算が難しい。外部の構造設計事務所の方にも入っていただいて、どんな木材だったら構造的に計算ができて、どういうつくりだったらこれぐらいの強度に耐えられるのか検討を重ねました。芸術的なところを尊重しないといけない一方で、天井から吊るからには、壊れるとか、落ちることは許されない。そういうところを詰めていくのがすごく難しい作業でした。技術的なアドバイスや品質管理の面で、乃村工藝社内の専門家のみなさんにずいぶんと助けられました。

　安全性を確保するには、本来は木造じゃなくて、鉄やアルミの骨を入れたほうが強度

を確保しやすい。でもあの船は、和紙で透けている部分があったり、下から見上げた時に、ある程度計算して中を見せる隙間をつくってあるので、隙間から金物が見えてしまうと興ざめなんです。もちろんつなぎの部分では金属のビスやボルトは使っていますけど、ほとんど構造用合板だけで骨組みをつくりました。

溝口 船の上部にプロペラなどがあるので、当然、中にモーターや電気関係の線は通っています。でも、隙間からそれが見えちゃいけない。見えないように配線したり、隠したりと工夫しています。モーターまで入っている船を木造だけで支えていく。ハードルはそこにありましたね。

営業推進本部 第一事業部
プロダクト・ディレクション1部 プロジェクト推進課
村田春那さん

小学生のころ『千と千尋の神隠し』は怖そうで、友達に誘われても見に行けなかった。大人になってジブリ作品は、ほぼ全制覇。

村田 吊る場所が中央階段の上だけに、設置にも苦労しました。船体は問題なかったんですけど、制御とか装置のほうがなかなかうまく動いてくれなくて。あれだけの大きさの船ですと、簡単に仮組みもできない。中央階段の現場に大きな足場を組んで調整する作業を、何回も繰り返しました。吾朗監督の希望で、周囲のカラフルな環境に合わせた色になっていて、すごく空間になじんでいる。やってよかったなと思います。

ジブリの大倉庫では、ほかにも他社と連携して、「子どもの街」、「ネコバスルーム」、「床下の家と小人の庭」、湯婆婆がいる「にせの館長室」、「哲学研究会部室」、等々。たくさん関わらせてもらいました。乃村工藝社とは違う他社の発想や考え方、つくり方に触れられて、学ぶところが多かったですね。

河合 1期で大きいのは、あとはサツキとメイの家なんですが、これは主にメンテナンス業務でした。2005年の愛・地球博から17年も経っているので、建物内に置いてあるものの劣化が激しかったんです。サツキとメイの家は、手に取って触れられることが運営上重視されてきたので、当時、納品したアイテムがなくなっていたり、ボロボロになっていたりしていて、ジブリパークのオープンに向けてつくり直したり、再調達したりしました。

サツキとメイの家には、17年前に設定した世界観がありますので、その仕立て直しを

サツキちゃんの勉強机。引き出しを開けると、その時代の小物がいっぱい

目標に、スタジオジブリの担当の方と一緒にものを集めていきました。地球屋と同じように、人物像を想定しながら進めたのはお父さんの書斎です。作中では考古学の研究者という設定なので、考古学の研究をしている人だったら、書斎でどう動くんだろう、どこに本が置いてあったら違和感がないんだろうとか、じゃあここのページを開いておいて、ここに石が置いてあってというところも、お父さんの行動を想定した置き方にしてあります。

　書斎の本はすべて年表と照合して、ちゃんと奥付の発行年を確認して置いてあるんです。もとの本がボロボロになっていたので、東京・神田神保町の古書店街で段ボール20箱ぐらいの古本を買って、それをチーム3人で全部検品して、置いていきました。正直、積まれている下のほうの本なんて何の本なのかも見えないんですけど、それでもちゃんとお父さんの研究内容に沿った、時代にも合った本を置くというのがスタジオジブリさんのこだわりなんだなと思って仕事しました。吾朗監督は、事あるごとに、このジブリパークのスタートはサツキとメイの家だといってくださるので、ここサツキとメイの家の世界は絶対守んなきゃいけないというのが、乃村工藝社チームのこだわりでした。

仕事の恩は、いい出来上がりで返したい

山田 その作業を傍から見ていると、うちの川原さんとか吾朗監督が、若い人たちに引き継いでいる感じがすごくしました。サツキとメイの家って、オリジンがなくなっちゃっていたのを、今回、原点に戻ってオープンさせて、若手の河合さんやうちのデザイナーの玉井さんに引き継ぐ。この先も、この施設はずっとあり続けるから、それをちゃんと継承してほしいという想いがあるのかなと。ある意味、DNAを受け継いでもらうということですね。スタジオジブリさんの担当も若い方に引き継いでいかれているので、なおさらそんな印象を持ちました。

第1期のプロジェクトが終わってみて、仕事は人との出会いに尽きるなって思います。吾朗監督との出会い、協力者さんたちとの出会い、そして乃村工藝社チームのメンバーとの出会い。振り返ってみると、ベストメンバーだったと思います。第2期は、「魔女の谷」のハウルの城もあってハードルがさらに上がるので、これからの出会いにも期待しています。

溝口 そうですね。ジブリパークの建設には、とても多くの人と会社とが参加しているんですが、みなさんと接して感じるのは、一緒にジブリパークをいいものにしていこうという意識が強いんです。みんなが同じ方向を見ている。だから、第2期の乃村工藝社も120%でやっていくことが必要なんです。

これから第2期の制作が佳境に入りますけど、第2期のものづくりは、恩返しでもあると感じています。私たちを信頼してくださっているスタジオジブリさん、私たちに公共事業を発注してくださった愛知県さん、これまでも、これからもご尽力をいただく多くの協力者の方々、そして乃村工藝社のチームメンバーたち。いいものをつくり上げて、みなさんが誇りに思ってくださる、ご家族に自慢していただく、そんな恩返しになるような質の高い仕事にしたいと思っています。

（2022年9–10月取材。記事の肩書きは取材時のものです）

写真は©Studio Ghibli

球場を中心に
「人生を楽しむ街」を生み出す

北海道ボールパークＦビレッジ—————北海道・北広島市—

スポーツの試合を楽しむだけではなく、
スポーツが生み出す文化を楽しむ。
その文化はスタジアムから街へと広がり、
人々の暮らしを彩る価値をつくり上げていく。
スポーツがどれだけ人生を豊かにできるのか、
そんなチャレンジが始まろうとしている。

自由で開放的な、日本初のボールパークを

　2023年3月に誕生する北海道ボールパークFビレッジ（以下、Fビレッジ）。その中心施設であり、北海道日本ハムファイターズの新球場となるES CON FIELD HOKKAIDO（エスコンフィールドHOKKAIDO。以下、エスコンフィールド）に足を踏み入れると、そこには日本の球場とは思えない自由でダイナミックな空間が広がっている。

　まず目に入るのは、外野スタンド奥の高さ70メートルもある巨大なガラス壁。屋根が閉じた状態でも、自然光で場内は明るい。切妻型の大屋根が開くと、太陽の光がふんだんに降り注ぎ、天然芝のグリーンが鮮やかに輝く。観客スタンドには、劇場を思わせるようなゆるやかな傾斜が付けられ、座席も通路もたっぷりとした広さ。場内のさまざまな場所に、特別な観戦デッキが設けられている。VIPルームのバルコニーで仲間と食事しながら、ダグアウト並びのシートでフィールドの土に触れられるほどの近さから、フィールドを一望するホテルの客室バルコニーから、温浴施設の半露天テラス席から水着姿で、球場内ブルワリーの屋上レストランで出来立てクラフトビールを飲みながら……。これまでの日本の球場では考えられなかったような、自由で開放的な観戦スタイルがたくさん用意されている。

　そして、一塁側、三塁側の頭上には幅86メートルの巨大なビジョン。試合の経過や選手のデータ、試合を盛り上げる映像などが、次々に映し出される。場内は、広々とした通路を歩いて一周でき、数多くの有名飲食店が集まる横丁エリアやショップなどを通路に沿って配置。野球ファンはもちろん、そうでない人々にとっても、気分が上がり、特別な時間を過ごせる空間になっている。まさに、米国・大リーグのボールパークのような、エンターテイメント空間がそこにある。

　エスコンフィールドを中心に、Fビレッジの敷地は約32ヘクタールもの広さ。パートナー企業とともに、球場の周りにはいくつもの施設が配置されている。球団の歴史を伝えるレジェンドスクエア、誰でも自由に遊べるミニフィールド、屋内外の子どもの遊び場、庭園、グランピング施設、プライベートヴィラ、農業学習施設、認定こども園、等々。レジデンスエリアにはマンションが建設され、人々が暮らす街でもある。2027年度には、JR北海道が敷地横を走る千歳線に新駅の開業を計画している。

　Fビレッジが目指すのは、北海道日本ハムファイターズの本拠地というだけではなく、地域の大人も子どもも、国籍や性別も関係なく多くの人々が集い、交流し、新しい文化

球場を中心に、人が住む街として建設。マンションの入居者には観戦の特典も

©H.N.F.

エスコンフィールドには、自由で開放的な観戦スタイルが散りばめられている

©H.N.F.

を生み出す場所。地域、そして北海道全体を活性化していくようなコミュニティスペースなのである。

このプロジェクトに参加したい！

　Fビレッジが計画されたのは2015年のこと。自前の球場を持つことが念願だったと、Fビレッジの運営会社であるファイターズ スポーツ＆エンターテイメント（以下、ファイターズ）の小川太郎さんは語る。
「社内プロジェクトがスタートしたのは2015年からですけれど、自前の球場については、そのずっと前から課題としてありました。球団経営を考えていくと、球団・球場一体経営という形で、自分たちでハードも持ってコントロールしていかなきゃ成長できないよね、ということがひとつ。

　もうひとつは、企業理念として"スポーツコミュニティの実現"をずっと掲げていて、野球はもちろん、野球から離れたところでも地域コミュニティにどういう形で貢献できるのかを考えると、球場があるエリアの街づくりというとおこがましいですけれども、少しでもエリアとか地域に貢献し、発展に寄与していきたい。それが、球場と周辺を段階的に開発するという今回の構想につながりました」

　その構想を具体化するにあたって、まず、目指していく街のビジョンを定めたと、同じくファイターズの酒井恭佑さんはいう。
「Fビレッジのビジョンとして、"PLAY HUMAN"を

ファイターズ スポーツ＆エンターテイメント
事業統轄本部 コーポレート＆ファシリティ統括部
ファシリティクリエーション部 部長
小川太郎さん

ファイターズ スポーツ＆エンターテイメント
事業統轄本部 コーポレート＆ファシリティ統括部
ファシリティクリエーション部
ボールパーククリエーショングループ 兼 企画PR部 ディレクター
酒井恭佑さん

掲げました。これは人が人らしく人生を謳歌するために、人生を楽しもうというメッセージを込めています。今、世界の情勢がすごく不安定ですし、コロナ禍もあって、思い切り声を出して応援することもできません。だからこそ、生きることを楽しむ、喜ぶことが必要じゃないかなと思っています。

　私たちの事業である野球興行は、エンターテイメントで人を幸せにしたり、明日の生きる活力を生み出したりするものです。ですから、Fビレッジという街のビジョンにもそういう目標を掲げました」

　Fビレッジには、野球に興味がない人にもぜひ来て楽しんでほしいと小川さんはいう。

乃村工藝社・ビジネスプロデュース本部
第二統括部 都市複合プロジェクト開発部 専任部長
平野裕二さん

乃村工藝社・クリエイティブ本部
第二デザインセンター センター長
統括クリエイティブディレクター
田村啓宇さん

「Fビレッジを構想するのに、ひとつ大事にしたことがあります。野球ファンやファイターズのコアなファンの人たちに向けて、リアルで観戦することの価値を最大限に高めることは、当然追求していきます。でも、業界全体でいうと、日本全体が高齢化して、人口が減っていくフェーズに突入していくなかで、野球ファンだけを対象にした施設では、やはり先細りしてしまいます。

　野球には興味がなくても楽しいから行くといった、球場を訪れる心理的なハードルを下げるような形で、多様な層を取り込みたいと思っています。ですから、エスコンフィールドでは、多様な観戦環境をつくるというテーマを追い続けてきた一方で、野球に関係なくてもホテルに泊まりたいとか、温泉に入りたいとか、クラフトビールが好きだから来るとか、いろいろなコンテンツを散りばめながら、球場の中も外も、野球に興味ない人でも何かをフックに来てみたいなと思われる施設にしたいということなんです」

　初めて自前の球場をつくるファイターズが、日本初の観戦スタイルをいくつも盛り込んだ球場をつく

る。初めてずくめの球場プロジェクトに、乃村工藝社は、最初はスタジアム周辺のコンサルティング業務から関わったという。同社の平野裕二さんが振り返る。

「プロジェクトのうわさを聞いて、チームの何人かでファイターズさんを訪問しました。日本初のボールパーク計画ということで、当時、全国でスタジアムアリーナをどんどん開発していく流れがあったんですけれども、そのなかでも抜きん出た開発だなと感じていて、もうこれはやりたいという想いで、ぜひ関わらせてくださいとお願いをしました。それで、球場周辺のマスタープランサポートの取り組み提案からさせていただきました」

　球場周辺のアクティビティ検討、配置検討などを続けるうちに、エスコンフィールドは基本的な計画がまとまり、球場内の施設について、設計施工コンペが行われる。乃村工藝社の田村啓宇さんは、どうしてもこのコンペに参加したかったという。

「僕の人生で、二度と出会えるかどうかというぐらい大切な機会だなと思いました。正直なところ、この仕事は誰にも譲りたくなかったんです。チームのみんなも同じ想いでした。野球場というのは、デザインの世界でそういう分野があるわけじゃなくて、今回も商業施設でもあり、エンターテイメント施設でもあり、ある種企業ミュージアム的な要素もある。もう、さまざまな要素が入り交じっているので、ぴったりフィットする人材ってそんなにいないんです。だから人選が難しい。しかも、金額が大きいのでビジネス的なリスクもある。案件の内容とともに想いを会社に説明して、最終的には会社が現場の熱意をくんでくれて、コンペに参加することができました」

　2020年の設計施工コンペからプロジェクトに取り組んでいる武田康佑さんも、個人的な想い入れがあったという。

「これまで担当してきた案件のなかでも最大級のプロジェクトです。僕は札幌出身なので、構想を聞いた時から、自分がやりたいな、これをやるのはたぶん自分だなって勝手に決めていたんです（笑）。そうしたら、たまたま偶然の巡り合せで、おまえ行けよって背中を押してもらえた。だから、このプロジェクトには、ものすごく想い入れが強いんです」

乃村工藝社・営業推進本部
北海道支店 営業部 主任
武田康佑さん

ダグアウトクラブラウンジの観戦シート。左側に本物のダグアウトが見渡せる

　　コンペになった施設は、1塁側と3塁側のダグアウト横の観客席であるダグアウトクラブ
ラウンジ、スタンドのなかほどにある特別室のバルコニースイートなどだった。
「どれも強いこだわりを持った空間で、コンセプト性があって、いろいろな多様性を象徴
できるエリアです。それらをまとめてコンペにしました」（小川さん）
　　コンペの結果、乃村工藝社は1塁側のダグアウトクラブラウンジを獲得した。ホーム
チームであるファイターズのダグアウト横の席で、シートからの視界は監督や選手たちと
ほぼ同じ。野球ファン、特にファイターズファンにとって憧れの観客席だ。それだけに、最
もファイターズらしさが求められるエリアでもある。

ファイターズファンが喜ぶ空間とは？

　　どんな施設にすればいいのか、まずはファイターズらしさとは具体的にどんなデザイン
なのかを、ファイターズのスタッフと乃村工藝社チームとで、ブレストすることから始まった。
ファイターズの酒井さんは、感覚の共有作業が面白かったという。

「模造紙をばあっと机に広げて、どういうトーン＆マナーなのかを、写真を1枚ずつ机に並べて、ファイターズと乃村工藝社さんとで、ああだこうだ、やはりこっちだねとか、こっちじゃないねみたいな感覚のすり合わせをやりました。並べた写真は、内装のさまざまなマテリアルの写真で、例えば照明器具や家具類の写真もあれば、海外のカフェやホテルの写真もある。いろいろな写真を見ながら、方向性を絞っていくんです。ファイターズのなかでも多少のブレはあったので、こっちに行きたいねみたいなことが可視化されて、われわれの整理にもなりました」

　このブレストは、乃村工藝社チームにとっても大きかったと田村さんはいう。
「もっとフォーマルにとか、もっとラグジュアリー寄りだよねというのは、打ち合わせの会話にはしょっちゅう出てきます。でも、ラグジュアリーといっても山ほどテイストがある。みなさんが今この場で考えるラグジュアリーというのは、どういう方向性なんですかと。いきなり正解は分からないので、いろいろなラグジュアリーの写真から違うものを落としていく。ちょっと戻したりしながら、最初に時間をかけて集約していきました。

　そこが見えてから、初めて施設のインテリアをどうするか考えていく。アイデアをプラスして、どんな演出をしていくかなんです。例えば、ベンチシートの張り地は野球のグローブの質感にして、縫い目もグローブっぽくするとかね」

　ダグアウトクラブラウンジで、乃村工藝社チームが最も知恵を絞ったのは、コアなファイターズファンに向けた特別感をどう演出するかだった。単に手厚いおもてなしというだけでは、ファイターズファンの琴線には触れない。ファイターズのスタッフとも議論を重ねた結果、乃村工藝社チームはひとつのコンセプトをつくり上げる。そして、ファイターズの酒井さんは、このコンセプトが秀逸だったという。
「“バックステージラウンジ”というコンセプトなのですが、場所が少し奥まっているので、フィールドが選手の晴れの舞台だとすると、あそこは舞台の袖から見ているような感覚にさせる。選手の裏側とか息吹が感じられるというコンセプトなんですね。仕掛けも、すごくよくできていて、階段を下りていくと、ちょうどフィールドと同じレベルになる瞬間があるんですけど、そこにフィールドの土と同じ色のカーペットが敷かれている。まるでフィールドに降り立つような感覚にさせるんです。3月のオープンまでに、さらに内装の至るところで選手の息吹や鼓動が感じられる仕掛けがなされていきます。コンセプトから詳細設

ダグアウトクラブラウンジの壁画。2016年のファイターズ優勝のオマージュとして描かれた

計まで、ダグアウトクラブラウンジは秀逸だったなと思います」

　発想のヒントは、劇場の舞台裏だったと乃村工藝社の田村さんはいう。

「例えば劇場で舞台裏に入れる特別感。ライブだったら、演者の友人だけがパスで楽屋を訪れられる。ラグジュアリーな空間にするのではなくて、そういった優越感がある特別な体験をコンセプトにしました。お客さまの気分としては選手と同じ動線でフィールドに降りていく、そんなイメージを演出しました」

　もともとこの部屋は、試合後に監督・選手たちが立ち寄るインタビュールームの隣りに位置し、ガラス越しにインタビューの様子が見られる。ダイニング機能があり、食事も提供される。ファイターズファンにとっては、"しあわせな空間"そのものだ。

ゼロから一緒に考え、つくっていく

　ダグアウトクラブラウンジのプロジェクトを進める一方で、乃村工藝社には、ファイターズから思いもよらぬオファーが寄せられていた。コンペで他社に決まっていたはずの3塁側のダグアウトクラブラウンジ、特別観客席のバルコニースイートが、さまざまな事情から担当が白紙に戻り、案件が乃村工藝社に回ってきたのだ。

「白紙に戻した事情はいろいろとあるんですが、改めて乃村工藝社さんにお願いしようと思ったのは、やはりわれわれのニーズをきちんと聞いて、それをいろいろな形で検証して出してくださるからなんです。もちろん提案力そのものも抜きん出ているのですが、これが一番いいと思いますと提案を押し付けるのではなくて、私たちの意図をよく聞いて、咀嚼して、アウトプットとして出してくださる。結果的に、これ何とかなりませんかと、いろいろとお願いすることになりました」（小川さん）

　球場内のホテルと温浴施設は、企画段階から手伝っていたこともあって、最初から乃村工藝社が担当することになり、エスコンフィールドのなかで、タイプの違う現場をいくつも抱えることになった。案件数の拡大とともに、乃村工藝社は人材を投入していく。

「今回は全部で7人のルームチーフクラスが担当しました。ルームチーフとは、案件の責任者が務まる一線級のディレクターなのですが、7人も関わるのは、社内でも聞いたこと

　　バルコニースイートがあるエリアのエントランス。銅と木を使い北海道らしさを表現

開放的なスイートルームのバルコニー。場内の熱気を近くに感じられる

TOWER 11の壁画。ビル名は、ダルビッシュ有選手、大谷翔平選手の背番号から命名

がありません。観客席とホテルや温浴施設とでは、求められるものが違いますから、それぞれに向いた特徴あるメンバーをアサインしました」(田村さん)

　仕切り直しでスタートした施設は、ゼロベースで作業が始められた。
「乃村工藝社さんには、完成された提案ではなくて、一緒につくってくださいというオーダーでお願いしました。例えばバルコニースイートは、ファイターズとして、北海道らしい高級感のあるラウンジにしてほしいということだけがお題としてあって、いきなり案を提示してもらうのではなくて、どんな空間にしようかというところから、一緒に考えていただく感じでした。ダグアウトクラブラウンジは、野球ファンに向けた観客席ですが、バルコニースイートは、必ずしも野球が好きな方だけに利用してほしいわけではないですし、道外や海外からもたくさんのお客さまに来てほしい。それで北海道の魅力が伝わるような空間をつくってほしいとお願いしました」(酒井さん)

　バルコニースイートがあるのは、バックネット裏の特等席エリア。スタンドの中段にある。8人〜18人くらいで使えるいくつかの個室に観戦用のバルコニーがあるつくりだが、スタンドの下に部屋を組み込んでいるため、空間は変則的な形になっている。
「バルコニースイートに限らず、どの空間も天井がフラットになっていなくて、フィールドに向けて階段状に下がっていくんです。最初は、図面で見て理解したつもりでいても、現場に入ると感覚が違う。ファイターズさんとは、2週間に1回、定期的な打ち合わせの場を設けていましたが、お土産はお菓子ではなくて(笑)、毎回、論点を変えて大きな模型を用意して、持っていくようにしました」(田村さん)

　このお土産は、ファイターズに歓迎された。
「まだスタジアムが建てられていない段階でしたから、図面を見ても、なかなかイメージができないんですね。模型に小さなカメラを入れていくと、実際にそこの空間にいるような感じになる。そうすると、やっぱここ狭いんだねとか、天井がこんなに低いんだねとかいうのがよく分かるんです。すごくよかったなと思いますね」(酒井さん)

　そんな天井を感じさせないように内装を工夫しながら、乃村工藝社チームはファイターズと相談して、バルコニースイートを思い切って開放的な空間にデザインした。
「今までの球場ですと、たいていVIP用の席はブラックボックスになっています。どうしてもスタンドの上のほうで、人影が少し見えるぐらいとか、ほかの席の人とまったく分断し

て構築されているところが多いんです。でも、エスコンフィールドではスイートルームのバルコニーがオープンになっていて、隣り合う部屋どうしでお客さまがハイタッチすることだってできる。バルコニーの手すり部分も、あえて開放的な透明ガラスにして、ほかの観客席との一体感を高めました。秘密のVIPルームではなく、球場内のどこからでも見える憧れの観戦バルコニーにしたんです。

　バルコニースイートがあるエリアのエントランスは、北海道らしさを表現するために、金属に温かみがある銅を使い、木材は少し荒々しさを残した表面仕上げに。このテイストは、球場内のいろいろな場所で使っていて、家具類も、例えばテーブルの天板に原木のテイストがあるものを使い、北海道の大自然を表現するようにしました」（田村さん）

世界初の温浴観戦シートにチャレンジ

　エスコンフィールドには、いくつもの“世界初”“日本初”が盛り込まれているが、そのなかでも出色なのは観戦できる温浴施設「tower 11 onsen&sauna」だ。レフトスタンドの一角に、かつてファイターズで活躍したダルビッシュ有選手、大谷翔平選手の背番号「11」に敬意を払ってTOWER 11（タワー・イレブン）と名付けられたタワーがあり、上層階が温浴施設とホテルになっている。

「計画の最初に、温泉は掘ろうと決めました。世界がまだ見ぬボールパークを目指すなかで、温泉がある球場は世界初ですから、これはもうやる方向でというのがずっとありました。最初は外の事業者さんを誘致することも考えましたけど、球場に密接に関連するので、自社事業としてやることにしたんです。それが4年ぐらい前。その後、サウナがブームになって、球場のコンテンツとしても、より面白くなりました。

　ただ、発想はできるけど、本当にやるとなるといろいろと課題が多い。それを乃村工藝社さんと一緒に考えながらやっていきました。例えば今回は、水着を着用して入る温泉プールのような位置付けにして、いくつかのハードルを乗り越えたりしました。裸で入るお風呂からの観戦は、フィールドからも見えるので法律的にダメなんです」（小川さん）

　そもそも、球場と温浴施設とでは、管轄する行政も法律も違う。両方の条件や規制を

レフトスタンド奥のTOWER 11。上層階には新しい観戦スタイルが詰まっている　　　　©H.N.F.

温浴施設の「tower 11 onsen&sauna」。温泉プールにつかり、水着姿で観戦できる　　　　©H.N.F.

クリアしながら、エンターテイメントとしての魅力を最大化するプランの模索が続いた。乃村工藝社の平野さんが、その紆余曲折を語る。

「ファイターズさんがやりたいことが、もう盛りだくさんにあったんです。法的な制約はもちろんですが、そもそもスペースが限られている。そこに、いろいろな機能を入れ込まないといけない。最初は、水着じゃない前提でしたから、男女の分け方に悩んだり、裸だったらどうするのみたいな議論もありました。途中で足湯にする案も出ましたけど、インパクトがないからとすぐボツになりましたね。

もともとの建物の設計では、外壁はガラスに覆われていて、全部が屋内の空間だったんです。それをファイターズさんが、一部のガラスを取っ払って、半屋外の吹き抜け空間にすることを決断された。そこを水着で試合を楽しめるエリアにすることで、最終的に概要がまとまりました。デザイン設計に入ったのは、それからですね」

その実施設計でも、球場の温浴施設ならではの難しさがあったと田村さんはいう。

「球場ですので、温浴施設のエキスパートを連れてきて、図面を見せればできるというものではないんです。いちばん心配なのは、お客さまの行動が読めないこと。普通のお客さまを想定した検証は十分に尽くしていますが、やはり考えだすと、こういうことする人いるよねって、リスク要因が浮かんでくる。まさかの行為に対しても安全性を担保しなきゃいけないので、エンターテイメント性を担保する部分との両立が難しかったですね」

温浴施設と同じTOWER 11にあるホテル「tower 11 hotel」も、客室から試合が見られるホテルとしては日本初。客室のバルコニーからフィールドが一望できるほか、フィールドに面していない側の客室ゲストには、ホテルの屋上に専用の観戦エリアが設けられている。廊下の床にホームベースをデザインするなど、館内には野球にちなんだ意匠が満載。だが、日本初の観戦ホテルだけに、予期せぬ失敗もあったと田村さんはいう。

「客室に白いレースのカーテンを使ったんですけれど、そこに外野フライが重なると、フィールドからボールが一瞬見えなくなっちゃう。すぐに替えましたけど、誰も気付かないんですよ、最初は。今考えたら、そりゃそうだよねなんですけど。悔しいけれど、こういうものって、ひとつずつトライ＆エラーでノウハウを蓄積していくしかないんですね」

球場内ホテル「tower 11 hotel」の客室廊下。子どもが喜びそうな演出があちこちに

食と農の未来に向けて仲間をつくる

　日本初の試みは、まだまだある。実は、エスコンフィールドでは、試合が行われる日は、小学校6年生までの子どもたちは入場無料で、立ち見で試合を楽しむことができる。また、球場内のミュージアムには社会問題をテーマにしたアートも用意される。

「子どもたちや次世代のために、価値や機会を提供したい。少しでも子どもたちにプラスになるような貢献をしたいということが、Fビレッジが大事にしているコンセプトのひとつです。それで、屋内外のあそび場など子ども向けの施設を配置しましたし、幼保一体の認定こども園も誘致しました。

　クボタさんがつくられる農業学習施設でも、農業を次世代に伝えることに重点を置かれていて、来場者を楽しませるという要素を盛り込みながら、次世代への価値貢献を大事にした施設になっています」(小川さん)

　その農業学習施設を担当するクボタの野上哲也さんは、Fビレッジへの参加はタイミングがよかったという。

「2020年の年末ごろにFビレッジへの参加を打診されました。ちょうど2021年からの中期経営計画のなかで、環境(Environment)、社会(Social)、ガバナンス(Governance)を重視するクボタ独自のESG経営に、さらにステークホルダーへの視点を加え、あらゆるステークホルダーに、クボタの事業への"共感"と"参画"を通じて社会課題の解決に貢献していくという方針が出されたところでした。

　ただ、今までのクボタには、一般の方々に自社のことを知っていただくような施設がまったくありません。それで、どういう施設にしていくのか、クボタとして何を発信できるのかを考えた時に、必然的に"未来"というキーワードが浮かんできました。北海道は農業の大地ですので、自分で収穫した野菜を食べるといった観光農園はあらゆるところにあります。農業体験ができる施設もいろいろとありますので、それらとは差別化を図りたい。それで"未来"というひとつのキーワードを据えて、議論を重ねました」

　新しい施設のコンセプトづくりには、乃村工藝社からプランナーの柳原朋子さんが参加した。

「これまでのお付き合いしたクライアントさんのなかでは、圧倒的に合宿が多いクライアントさんなんです(笑)。いきなり丸2日間の終日会議から始まって、何回も合宿をしました。やはり最初は、クボタさんがおやりになりたいことがまだ言語化されていませんでし

クボタ・KESG推進部
北海道ボールパーク推進課 課長
野上哲也さん

乃村工藝社・クリエイティブ本部
プランニングセンター 企画1部 部長
プランニングディレクター
柳原朋子さん

たので、お話をうかがいながら、新しい施設でなにを目指すのか、イメージをすり合わせていきました。

そうした議論を重ねるなかで、"未来"というキーワードから発想が広がっていきました。未来の農業というと、スマートでカッコいい農業を思い浮かべがちですけれど、世界的な人口増加や経済発展による食糧不足、農業人口の減少、地球温暖化などの現実に目を向けると、日本の食と農を最適化する農業のあり方こそが未来の農業ではないかと。そして、これは農家さんだけの問題ではない。"食と農の未来を志向する仲間づくり"を新しい施設として目指そうというところに着地していきました。来場者に食への感謝や興味が芽生え、数年後には、食と農の未来の担い手となってもらいたい、そんなイメージです」(柳原さん)

施設では、実際に露地栽培と屋内の施設栽培のエリアとがあり、最新の農業技術の一端に触れることができる。さらにこの施設がユニークなのは、食と農業の未来を見据えて、農業経営の視点を持ち込んだことだ。野上さんが、施設の概要を説明する。

「Fビレッジですので、野球ファン、観光客、インバウンドの方々など、さまざまなお客さまがいらっしゃると思いますが、メインターゲットには小学校の高学年を考えています。

まず、シアターで食と農業の素晴らしさ、農業に関わるさまざまな社会環境課題をお伝えしたうえで、メインの展示体験エリアでは、農業経営を実際に体験するゲームをやっていただきます。ゲームをやるなかで、これからの農業のあり方のひとつとして、また、社会環境課題の解決策として最先端農業、未来の農業があることを理解していただく。その後に、最先端の農業技術を見学する。そんなプログラムになっています」

農業経営の視点を、消費者も含めたみんなに持ってもらうことで、これからの農業に

農業学習施設。最先端の農業技術から農業経営まで、子どもたちに伝える

提供：㈱クボタ

施設栽培や露地栽培をどう見せるのか、模型で検討を重ねていく

対するイメージが変わってくる可能性があると柳原さんはいう。

「このプロジェクトをきっかけに、農業のことを私なりに勉強したんですけれど、強い意志を持って面白いチャレンジをしている農家さんがいたり、農家さんがつくった野菜を消費者に届けるのに新しい取り組みを工夫している方がいたり、いろいろな方々が新しいチャレンジをしているんですね。新しい食と農の世界をつくっていこうとしているのに触れることで、私自身、農業に対するイメージが変わりました。

　その上で農業を経営する視点が持てると、みなさんの農業に対するイメージも大きく変わるなという気持ちがありました。それで、農業経営をテーマにしたゲームができないかなと、クボタさんと話しながら具体化していきました。実際にゲームをつくるのは、死ぬほど大変なんですけど（笑）」

　この農業学習施設には、北海道大学も参画。無人トラクターなど、北大が得意とするスマート農業技術の運用実験などで連携していく計画だ。

　Fビレッジは2023年3月にオープンを迎える。しかし、街づくりはその後も続いていく。野球の試合があるのは年間70日ほど。あとの300日も含めて、通年で活気ある街にするために、これからもさまざまなチャレンジが試みられていく。ファイターズの酒井さんは、むしろここからが本番だという。

「Fビレッジは共同創造空間として、みんなでこの街をつくっていきたいと思っています。そもそもファイターズだけでは、このプロジェクトは成り立ちません。いろいろな事業者さんに参画いただくことで、コンテンツの多様性であるとか、事業の多様性であるとか、さまざまな広がりができてきます。ボールパークプロジェクトは今も、そしてこれからも、みんなでつくるプロジェクトです。開業後もさまざまなチャレンジをしていきますので、ぜひいろいろな方に参画いただきたいと思っています」

（2022年10月取材。記事の肩書きは取材時のものです）

乃村工藝社のDNAとは───あとがきに代えて

「おたく」が「ヒーロー」になれる会社

　本書で取り上げた13の「しあわせな空間」は、いずれも乃村工藝社の協力を得て現地取材を行ったものだ。完成した空間に、発注側の建築主のみなさんと、実際に空間づくりを担当したプロジェクトスタッフの方々にお集まりいただき、その空間建設に込めた建築主の想いや、現場スタッフがその想いをどう受け止め、どんな発想と工夫とでカタチにしていったのかを、グループインタビュー形式でうかがった。

　関係者が一堂に会し、それぞれの視点からプロセスを語り合ってくださったことで、空間づくりのディテールが豊かに立ち上がり、外から見ただけでは分からない立体感あるストーリーが見えてきた。

　例えば——

　市町村合併で新しく誕生した市に、市民のアイデンティティであり、誇りとなるような図書館を望んだ市長さんと、何が市民のアイデンティティなのかを考え抜いたプロジェクトチーム。90年前の小学校を、歴史遺産としての価値はそのままにラグジュアリーホテルに活用したい開発会社と、地元卒業生の思い出も含めて、90年間の記憶を活かすデザインで空間を埋め尽くしたプロジェクトチーム。オフィスが縮小するリモートワークの時代に、社員どうしの絆を大切にしたい経営者と、それに応えて、これからの働き方、社員がオフィスに出てくる新しい意味を提案し、未来型オフィスをカタチにしたプロジェクトチーム。世界的な発見を博物館でオリジナルのまま伝えたい研究者と、余分なものを限界まで削ぎ落とすことで、本物の迫力を際立たせたプロジェクトチーム、等々。

　インタビューをあらためて振り返ってみれば、プロジェクトチームがデザインしていったものは、単なる空間の造形ではなく、その空間を訪れる人々の「体験」であることがよく分かる。

　子どもの頃、日常的にそこを利用した経験が、生涯、自分のなかの記憶として残り続けるような空間。好きなアニメの世界が、いきなりリアルな光景として目の前に出現した時の驚きや感動。都心のオフィス街に、一夜にして現れた公園の心地よさ、等々。

　日々の何気ない体験から、感動を呼ぶような非日常の体験まで、インパクトの大小にかかわらず、その空間のなかで人々がどんな体験を得られ、記憶に刻んでいけるのか、

大正時代に両国国技館で行われた菊人形「段返し」の模型。天井や奈落から舞台を操作する職人たちがよく分かる。
この模型は、乃村工藝社本社ロビーに飾られている

写真：吉澤健太

空間をつくる人々の意識は、常にそこにあったように思う。

そして、「体験をデザインする」という、ものづくりの姿勢は、乃村工藝社のDNAでもあるという。

原点は、客席を沸かせる舞台の大道具

乃村工藝社が創業したのは1892年（明治25年）3月。2022年に130周年を迎えた。

創業者の乃村泰資さんは、四国・高松の生まれ。小さい頃から手先が器用で芝居好き。紙で舞台をつくる立体的な錦絵、立版古を自作して遊んでいたという。好きが高じて、泰資さんは芝居の道具方に入る。

記念すべき最初の仕事は、高松の歓楽座でのこけら落とし興行「塩原多助一代記」だった。病気で倒れた担当者に代わって手を挙げ、馬の着ぐるみを担当。普通の着ぐるみ製作では飽き足らず、着ぐるみに、ひとつの仕掛けを忍ばせる。

芝居のクライマックスである愛馬 "あを" との別れのシーン。"あを" の目からひと筋の涙がこぼれ、観客席は大きなどよめきに包まれた。この経験が忘れられず、以後、泰資

さんは"どよめき"を求めてさまざまな「からくり」の創意工夫をしていく。

　明治の終わりごろになると、拠点を東京に移し、両国国技館の設計師（大道具方）として、菊人形という新たな世界に踏み込む。菊人形とは、菊の生花で衣装をつくった等身大の人形のこと。江戸時代に始まり、明治の末ごろには、舞台上で歴史のひとコマや歌舞伎の名場面を再現するようになり、見世物としての人気が高まっていた。

　乃村工藝社の石川敦子さんは、泰資さんが工夫した菊人形の新しい見せ方が大ヒットして、大道具方から興行師の色彩を強めていったのはこの頃だったという。もともと司書として乃村工藝社に入社した石川さんは、企業内図書館である大阪資料室を40年以上も任されてきた。乃村工藝社がかかわったプロジェクトについて、歴史的な資料を収集・整理してきたことから、会社の歴史に精通している。

「例えば忠臣蔵だとか、昔からの物語の場面を菊人形でつくり、そもそもは見流しといって、観客は歩きながらその場面を順に見ていくというのが菊人形の主流でした。けれども、泰資さんは、観客がとどまって舞台を見る劇場型の菊人形へと進化させたんです。それも歌舞伎にヒントを得て、幕を下ろさずに一瞬にして場面を切り替える段返しという手法を開発した。舞台の下（奈落）に用意したせり上げ、天井からの吊り下げ、舞台袖の書き割りを駆使して、大道具方、照明技師、お囃子たちが、一糸乱れぬ連係で舞台を演出していくんです。

　大正時代に両国国技館で行われ、泰資さんの代表作といわれる菊人形は十二段返し。つまり、十二の場面を切り替えながら物語を見せていく。当時、大人気となり、最高は二十一段の舞台もあったそうです」（石川さん）

　興行師としての活躍は菊人形にとどまらなかった。決して「できません」とはいわない泰資さんのもとには、さまざまな奇想天外な企画が持ち込まれた。1936年（昭和11年）に読売新聞の社長、正力松

乃村工藝社
人事総務本部 大阪管理部
石川敦子さん

太郎さんが企画し、泰資さんが具現化した両国国技館の納涼イベント「日本アルプス展」もそのひとつ。うたい文句は、"眞夏の両国に雪が降る"だった。

「国技館の中に列車を置いて、その車両の中を観客が通り抜けていく。雪が降っているのが車窓から見えるという趣向なんですね。聞くところによると、アイススケートリンクと同じ仕組みで天井に氷を張らせ、その氷を削って雪のように降らせる機械を開発したそうです。でも、何度もテストしたはずのものが、本番初日にうまく動かない。機械油が混じった水がぽとぽと落ちてくる。ぎりぎりまで調整してもうまくいかない。

　泰資さんが外を見ると、お客さまが長蛇の列。絶対に観客を失望させたくない、その一心で急きょ、列車の屋根にやぐらを組み、東京にいる社員全員を集めて、氷を買ってこいと。その当時は氷屋さんがたくさんあって、買い集めてきた大量の氷の塊をやぐらにのせて、かんなで氷を削る人、削られた氷を手でまく人の二手に分かれて、とにかく一所懸命に雪を降らせ続けました。

　観客を失望させたくない、喜んでもらいたいという想いで、社員が一丸となって何かをやり遂げる。これは泰資さんの人柄でもありますけれど、こうした仕事への姿勢は、ずっと乃村工藝社のなかに引き継がれています」（石川さん）

ハイテクと人海戦術のEXPO'70大阪万博

　新しい分野にチャレンジすることで、乃村工藝社は仕事の幅を広げていく。興行は、やがて博覧会の会場づくりの仕事に発展し、並行して百貨店の催事や装飾も担当するようになる。戦後もチャレンジする姿勢は変わらず、経済成長期に入った日本で、日本貿易博覧会や国際見本市、全日本自動車ショウ（後の東京モーターショー）、髙島屋大阪店、同東京店などで実績を積み重ねていく。1950年代半ばには、興行から企業を相手にした展示ビジネスへと転換していった。

　さらなる成長の転換期であり、起爆剤となったのは、1970年の大阪万博（日本万国博覧会）だった。大阪万博のパビリオンのうち、乃村工藝社が請け負ったのは16館の

展示施工とお祭り広場の運営。

「"月の石"が見られることで一番人気だったアメリカ館では、アポロ11号の月面着陸（1969年7月）シーンを原寸で再現しました。月面への第一歩の足跡は、写真などから位置の見当がつきましたが、無重力空間では二歩目がどこにくるのかが分からない。大学の先生に相談しながら位置を決めていきました。後に、アポロ11号の宇宙飛行士3人が訪れて、そのリアルさに感嘆したそうです。

　日本館では、展示のためのロボット開発に取り組みました。開発した第1号機は空気圧の流体制御で動く"おさるのモン太"で、テレビ番組にも出演して話題になりました。この技術を使って、日本館の文楽人形ロボットを制作。人形の所作は、人間国宝の文楽人形遣い、桐竹紋十郎さんに監修していただきました」（石川さん）

　観客を驚かせ、喜ばせるために技術開発まで行う。しかも、リアルさにこだわる。「からくり」がハイテク技術に置き換わっても、創業以来の精神は変わらない。その一方で、かつての「日本アルプス展」の逸話を思い起こさせるようなシーンもあった。

「大阪万博のシンボルとして岡本太郎さんの"太陽の塔"があって、それを取り囲むように大屋根がかかった"お祭り広場"がありました。その広場の運営を、乃村工藝社を含む数社のJVで請けていたんです。開会式もここで行われました。

　開会式は、天皇陛下がスピーチをされて、皇太子殿下がスイッチを押されると、くす玉が割れて紙吹雪が舞うという構成でした。

　天皇陛下がご臨席されるような国家事業ですから、絶対に失敗はできない。それで紙吹雪は機械ではなく、人海戦術でまくことにしました。式が始まる4時間くらい前から社員たちは大屋根に上がって、その瞬間を待ちました。開会式の前日、3月13日の大阪は寒くて、雪が降ったんです。その寒さのなか、じっと耐えて潜んでいる。いよいよ開会式が始まって、皇太子殿下がスイッチを押された瞬間、地上から大屋根に向けて光で合図が送られ、社員たちが一斉に手で紙吹雪をまいたそうです」（石川さん）

　ちなみに、太陽の塔の内部にある"生命の樹"も乃村工藝社の制作だった。塔内の真っ赤な壁面に囲まれ、塔頂に向かって約41メートルの"生命の樹"が伸びている。

乃村工藝社大阪事業所のEXPO GALLERY。もともとは、散逸しがちな歴史的なプロジェクト資料を整理・保管することから始まった。EXPO'70大阪万博の資料を収集するうちに、対象を1851年の第1回万博、ロンドン博から最新の博覧会にまで拡大。資料の寄贈を受けたこともあり、国内では最大規模の万博資料館になっている。海外から研究者が訪れることもある。

写真：藤澤 信

樹の幹や枝には292体の生物模型が取り付けられ、アメーバなどの原生生物から爬虫類、恐竜、そして人類に至るまでの生命の進化の過程を表現した。

「その製作作業をしている時に、霊長類として上のほうに設置されていたゴリラの毛に溶接の火花が飛び火したことがあったんです。太陽の塔の目から煙が流れ出て、外にいた人が気付いたのですが、幸いにもボヤで済みました。でも、現場ではたくさんの人が作業をしていますから、誰の責任かをめぐって言い争いになった。そこに岡本太郎さんがやってきて、"よくなったじゃねえか"とおっしゃられた。ゴリラの毛が燃えて、縮れ方が本物に近くなったというんですね。そのひと言で、場が収まったといいます」(石川さん)

一所懸命にものをつくる

大阪万博以降、乃村工藝社は仕事の領域をさらに広げていく。博物館、企業のショールーム、イベント、イルミネーション、環境演出、モニュメント、まちづくり……。

「私が入社した頃は、社員はみんな学園祭の続きのような雰囲気でものづくりをしてい

テーマ館「太陽の塔」の現場で乃村工藝社の社員が被っていたヘルメット　　写真：藤澤 信

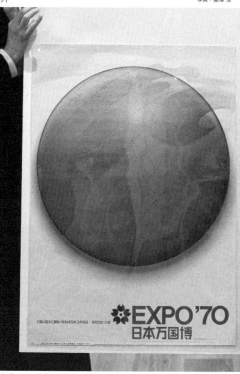

太陽の塔の記念品。右は石岡瑛子さんによるEXPO'70大阪万博の公式ポスター。実物を見ると、そのアート性の高さに驚かされる　　写真：藤澤 信

ました。それが2005年に一部上場をしたあたりから、会社らしい会社になってきたように思います。

　でも、ものづくりの姿勢は、昔も今も変わっていないですね。1人ではなく、いろいろな人たちがグループで1つの案件を進めていく。いいものをつくりたい、お客さまに喜んでもらえるものをつくりたいという想いが根底にあるので、みんなで一丸となって、ものすごく一所懸命にやるんです。そうやって完成させて、お客さまも自分たちも喜ぶ。泰資さんの時代から、そこは全然変わらないです。

　ものづくりにこだわる人たちが集まる乃村工藝社は、"おたく"が"ヒーロー"になれる会社だと思います。こだわり抜いて、新しいクリエイティブに挑戦して、お客さまに感動していただく。どんなに社会が変わっていっても、そこだけは変わらずに受け継いでほしいですね」(石川さん)

　人々の記憶に残る体験をデザインする——130年間受け継がれてきたDNAは、これからも変わることなく生き続けていく。

能勢 剛

本書収載プロジェクト

乃村工藝社の一所懸命な人たち

1 東京ミズマチ

- 東京都墨田区向島1丁目
- 2020年6月18日

赤池 桃、加藤利仁、川井政和、河田素央、坂爪研一、妙中将隆、冨永荘次、森田絵理

2 神田明神文化交流館「EDOCCO」

- 東京都千代田区外神田2丁目16-2
- 2018年12月15日
- 「ウッドデザイン賞2019」特別賞（木のおもてなし賞）
- 「第38回ディスプレイ産業賞2019」大賞（経済産業大臣賞）
- 「日本空間デザイン賞2019」入選
- 「Sky Design Awards 2019」Short List
- 「第53回日本サインデザイン賞」銅賞

稲見 剛、遠藤 淳、大西 亮、奥山枝里、河田素央、木村博基、小林慶太、坂爪研一、佐々井 歩、高原重好、山口誠二、和順菜々子、渡部淑子

［凡例］

プロジェクトの情報は以下の順で記載した。
・プロジェクト名
・所在地
・オープン
・受賞
・プロジェクトメンバー（50音順）

3 パナソニック
　クリエイティブミュージアム
　「AkeruE」

- 東京都江東区有明3丁目5-1
　パナソニックセンター東京 2F/3F
- 2021年4月3日
- 「iF DESIGN AWARD」
　iF DESIGN AWARD 2022
　（Interior Architecture部門）
- 「日本空間デザイン賞2021」銅賞
　（C・08.博物館・文化空間）
- 「第40回ディスプレイ産業賞（2021）」
　奨励賞（文化・公共施設）
- 「第15回キッズデザイン賞」
　キッズデザイン賞（子どもたちの創造性と
　未来を拓くデザイン部門）

浅倉優美、熊澤勇汰、古賀紗弥佳、
佐々井 歩、谷 清鳳、中出未来之、
山口 茜、山崎 圭

4 Marunouchi Street Park

- 東京都千代田区丸の内仲通り
- ［乃村工藝社担当］
　2021 Summer 2021年8月2日〜9月12日
　2021 Winter 2021年12月1日〜25日
　2022 Summer 2022年8月2日〜9月11日
　2022 Winter 2022年12月1日〜25日
- ［Marunouchi Street Park
　2021 Summer］
　「日本空間デザイン賞2022」
　（09.公共生活・コミュニケーション空間 銅賞）
　（サステナブル空間賞）
　「第41回ディスプレイ産業賞（2022）」
　ディスプレイ産業奨励賞
- ［Marunouchi Street Park
　2021 Summer、2021 Winter］
　「第41回ディスプレイ産業賞（2022）」
　ディスプレイ産業奨励賞

安藤 薫、阿部祐子、井上敬之、
石山滋之、遠藤 淳、大栁友飛、岡本 極、
小澤一樹、開澤鮎子、川島彩加、
小林宏至、齊藤佑輔、酒井麻衣、
佐久間統益、佐々木郁弥、清水俊輔、
鈴木恵千代、須藤 亮、高橋麻衣、
德永 楓、中野拓朗、松原美和、丸森幸男、
山口悠太、山本仁美、吉田琢人

5 ガンダム立像プロジェクト
　（東京／横浜／上海／福岡）

- ［ユニコーンガンダムお台場］
　東京都江東区青海1丁目1−10
　ダイバーシティ東京プラザ
　［ガンダムファクトリー横浜］
　神奈川県横浜市中区山下町279−25
　［フリーダムガンダム上海金橋］
　上海市浦東新区新金橋路738号
　ららぽーと上海金橋
　［νガンダム福岡］
　福岡県福岡市博多区那珂六丁目351番地
　三井ショッピングパーク ららぽーと福岡
- 2017年9月〜 /2020年12月〜 /
　2021年4月〜 /2022年4月〜
- ［ガンダムファクトリー横浜］
　「iF DESIGN AWARD 2022」
　「日本空間デザイン賞2022」銅賞
　（A・03.エンターテイメント&クリエイティブ・
　アート空間）
　「第40回ディスプレイ産業賞（2021）」
　大賞（プロモーション・演出）

石川陽平、大口克二、川嶋士雄人、
河端利明、川原正毅、小松泰造、
坂上 守、榊原菜々、白石康展、
鈴木健司、関 忠志、瀬沼隆遠、
坪井優也、寺崎真吾、豊田裕基、
中川智志、二瓶守史、樋口 司、
日比野匠、弘岡 心、藤平貴一、簾内聖一、
矢島健作、矢野真道、山下優子、
山田健太郎、山田竜太、山中幸紀

6 乃村工藝社
「新オフィスプロジェクト」

- 東京都港区台場2-3-4
- 2021年3月
- 「ウッドデザイン賞2021」ウッドデザイン賞
  （ソーシャルデザイン部門）
  ＜RE/SP2＞
  「iF DESIGN AWARD」
  iF DESIGN AWARD 2022
  （Interior Architecture部門）
  「日本空間デザイン賞2021」ShortList
  （C・10.オフィス空間）
  「日本空間デザイン賞2021」
  サステナブル空間賞
  ＜CONFERIUM＞
  「日本空間デザイン賞2021」LognList
  （C・10.オフィス空間）

[乃村工藝社]阿部祥子、稲野辺 翔、今泉宏優、梅田晶子、大石久美子、大澤一仁、大西 亮、大原由香、岡本悠雅、岡本千絵、奥山枝里、柿澤聡美、加藤悟郎、神垣成美、北畠美幸、古賀紗弥佳、桜井正尚、佐々井 歩、佐藤正己、杉山史恵、鈴木亜衣、鈴木和博、鈴木不二絵、仙波緑子、田仲史明、田中優衣、谷 清鳳、豊田真由、中川 南、中川百合、中出未来之、中村寿考、新沼晴康、乃村隆介、萩谷綾香、波多野篤志、日浦奈緒、深野友規、宮坂清佳、百田 暁、矢島里美、安田哲郎、柳田邦彰、柳瀬弘典、山口 茜、山口智津子、山下慎介、山野辺 学、山本利夫、横手茂樹、渡辺芽衣
[ノムラアークス]大瀧徹平、小田嶋和哉、塩原孝博、渋江寿幸、高木裕美、塚本智久、冨田悠介、村井里帆
[ノムラメディアス]小林敬治、竹内一雅、中井章郎、西村美由貴、平井達也
[シーズ・スリー]清原友莉、小林松寛、羽山政男、東 貴久、吉本麻美
[乃村工藝建築装飾（北京）有限公司]王 玉利、趙 文平

7 グロースエクスパートナーズ
「SKY Agora」

- 東京都新宿区西新宿1-26-2
- 2021年11月

阿見俊輔、佐藤友哉、猫田弘樹、増渕健太、山野辺 学、吉村一磯

8 菊池市中央図書館

- 熊本県菊池市隈府872番地1
- 2017年11月25日
- 「JCDデザインアワード2018」銀賞
  「第37回ディスプレイ産業賞2018」
  奨励賞
  「日本空間デザイン賞2018」
  BEST50

天野晴香、稲垣美麻、亀山裕市、中村和延、永山俊一郎、矢島健作、山田浩一、横山昌昇

9 福井県年縞博物館

- 福井県三方上中郡若狭町鳥浜122-12-1
  縄文ロマンパーク内
- 2018年9月15日
- 「Sky Design Awards 2020」
  建築部門：金賞
- 「第38回ディスプレイ産業賞2019」
  奨励賞（日本ディスプレイ業団体連合
  会賞）
- 「日本空間デザイン賞2019」
  博物館・文化空間 銀賞
- 「第53回日本サインデザイン賞」入選
- 「第2回 日本博物館協会賞」
- 「Golden Trexxini Award Lazar
  Khidekel Prize for the Best
  Innovative Architectural Project」

稲野辺 翔、井上晃秀、岸田匡平、
末崎 武、村田 陸

10 ザ・ホテル青龍 京都清水

- 京都府京都市東山区清水二丁目204-2
- 2020年3月22日
- 「Sky Design Awards 2021」Bronze
  （Interior Design部門）
- 「2021年度グッドデザイン賞」
  グッドデザイン賞（ホテル）
- 「日本空間デザイン賞2020」金賞
  （サービス・ホスピタリティー空間）
- 「第39回ディスプレイ産業賞（2020）」
  奨励賞（日本ディスプレイ業団体連合会賞）
  余暇・観光施設部門
- 「第31回BELCA賞」
  ベストリフォーム部門

浦田晶平（A.N.D.）、小坂 竜（A.N.D.）、
佐野香織（A.N.D.）、西川裕之、蒔抜 徹

11 KADODE OOIGAWA

- 静岡県島田市竹下62
- 2020年11月12日
- 「第40回ディスプレイ産業賞（2021）」
  奨励賞（余暇・観光施設）
- 「日本空間デザイン賞2021」LognList
  （C・09.公共生活・コミュニケーション
  空間）

岩佐圭介、宇田川 宙、川谷隼裕、
才木祐来、田村憲明、中村美行、
西本 彩、乃村隆介、藤村 完、吉田明弘

12 ジブリパーク

愛知県長久手市茨ケ廻間乙1533-1
愛・地球博記念公園内

2022年11月1日

磯野小梅、磯山依里、伊藤賢二、
植山美南、瓜田哲朗、大口克二、
大崎乃梨子、大西 寛、大橋史歩、
小笠原倖希、岡田和也、奥田 仁、
柿澤聡美、梶村夏美、春日康志、
片桐徳子、加藤昴馬、金子美佐緒、
金野美稔、上田 薫、河合優菜、
川原正毅、岸川研一、木村俊作、
桐岡 栄、小関伸吾、小松泰造、
近藤 恵、坂上 守、榊原菜々、笹 朝斐、
佐藤玲花、眞田英幸、島田和美、
菅沼昭彦、杉浦亮二、杉原正浩、
鈴木健司、鈴木俊幸、鈴木洋子、
高江洲至宏、高橋有佳里、田中野愛、
玉井佑季、坪井優也、寺崎真吾、
暉峻大信、豊田裕基、中川智志、
中島菊恵、中嶋幸二、長野達也、
鍋本知江、西本 陽、野村宗吾、
芳賀あき、畑田俊明、原嶋正樹、
半田友紀、蛭田真衣、福本 央、
藤井香与子、藤井聖登、藤沼泰裕、
藤平貴一、ホラ ラトゥル、松岡瑛美、
三浦 修、溝口紘平、村田春那、村田 陸、
森 海人、矢島健作、矢巻紗耶、
山下佳恵、山田健太郎、山田明加、
劉 軒、若杉宗司、渡邉美香

---

https://ghibli-park.jp/

13 北海道ボールパークFビレッジ

北海道北広島市Fビレッジ

2023年3月予定

［北海道ボールパーク］
相川崇史、畔見達也、阿見俊輔、
伊藤友美、伊藤匡哉、井上裕史、
岩崎 司、遠藤直樹、岡田佐斗史、
小笹 恒、片桐和也、上田 薫、
川崎英治、熊谷 健、齊藤弘一郎、
坂爪研一、佐久間統益、高松良介、
武田康佑、田作浩二郎、田村憲明、
田村啓字、坪井優也、暉峻大信、
中川郁啓、中込大之、中澤厚子、
中島忠宏、中島 久、中田裕真、
中村駿太、中村寿孝、彦田和良、
林 健太郎、半田友紀、平野健太朗、
平野裕二、中康平、藤平貴一、
前川盛次、前川大貴、松澤 景、
松原美和、村山明宏、八島巧舎、
安田哲郎、山下佳惠、山田明加、
山田知佳、山野辺 学、山本峻也、
吉武央樹

［クボタ農業学習施設］
阿見俊輔、粟谷貴弘、市川稔朗、
岩崎 司、岩本恭兵、角谷和香、
長田聖也、河合伴治、坂爪研一、
下國由貴、勢古口遙、瀧このみ、
田村憲明、坪井優也、徳盛哲之、
冨田英樹、中澤厚子、中島 久、
西村典泰、濱﨑麗奈、平野健太朗、
福田菜津子、藤江亮介、堀田真澄、
森 祐介、柳野 緑、柳原朋子、吉本麻美

書籍制作協力

斎藤雄一
田中 摂
柳原朋子
牧野香苗

編集・執筆　**能勢 剛**（のせ・たけし）

日本経済新聞社のシンクタンク、日本消費経済研究所（当時）のマーケティング理論誌「消費と流通」編集部を経て、日経BPで「日経トレンディ」編集長、「日経おとなのOFF」編集長などを務める。その後、日経BPコンサルティング取締役編集担当として数多くの企業メディアを制作。独立後はメディア制作のコンセプトブルーを主宰。媒体のコンセプト提案、企画づくり、取材・執筆などで活動。

写真　**永禮 賢**（ながれ・さとし）

ポートレイト・建築・デザイン・アート・料理・風景・動物・植物等、幅広く撮影。近年は「BRUTUS」、「Casa BRUTUS」、JAL機内誌「SKYWARD」等の雑誌、「The Tokyo Toilet」「ジブリパーク」等のオフィシャル、「無印良品カタログ」、「トヨタイムス」、「ポケモンコーポレイトサイト」、その他広告等で活動。写真集「Birds of Silence」「mind encode」、書籍に「カイフランクへの旅」「中銀カプセルタワー」「SOLSO FARM BOOK」等多数。

https://nsphotographs.jp

ブックデザイン　**nano/nano graphics**（ナノナノグラフィックス）

代表・おおうちおさむは、田中一光デザイン室を独立後、2003年に有限会社ナノナノグラフィックスを設立。空間デザインとグラフィックデザインのトータルディレクションを主体とする活動を展開。『KYOTOGRAPHIE（京都国際写真祭）』『千の葉の芸術祭・CHIBA FOTO』のアートディレクション・デザインなど、芸術祭や展覧会を数多く手がける。2021年1月に、自身の発案により『マツモト建築芸術祭』を立ち上げ、新しい地域活性化の可能性を提示し続けている。

http://www.nanogra.jp/

「しあわせな空間」をつくろう。
――乃村工藝社の一所懸命な人たち――

2023年2月6日　初版第1刷発行

編集・執筆	能勢 剛
編集	酒井亜希子（日経BPコンサルティング）、佐藤草平
制作	井上雅恵（日経BPコンサルティング）
写真	永禮 賢
装丁・デザイン	おおうちおさむ、山田彩純（ナノナノグラフィックス）
発行者	寺山 正一
発行	日経BPコンサルティング（http://consult.nikkeibp.co.jp/）
発売	日経BPマーケティング
	〒105-8308 東京都港区虎ノ門4-3-12
取材協力	乃村工藝社
印刷・製本	図書印刷

ⒸTakeshi Nose 2023
ISBN 978-4-86443-142-2
本書の無断複写・複製（コピー等）は著作権法上の例外を除き、禁じられています。購入者以外の
第三者による電子データ化および電子書籍化は、私的使用を含め一切認められておりません。
本書籍に関するお問い合わせ、ご連絡は下記にて承ります。
https://nkbp.jp/booksQA